弱いメンタルに劇的に効くアスリートの言葉

Athletes' words that dramatically affect a weak mentality

スポーツメンタルコーチが教える
”逆境“の乗り越え方

スポーツメンタルコーチ
鈴木颯人

はじめに
――弱ったメンタルに成長のチャンスが眠っている

私はさまざまな競技の選手をメンタル面からサポートする「スポーツメンタルコーチ」という仕事をしています。

アスリートから100%の能力を引き出し、結果につなげるため、科学的な勉強のほかにも、多くのトップアスリートの言動を独自に研究してきました。また、たくさんのプロアスリートに実際にお会いして、生の声を聞く機会も持っています。

インタビューをさせていただくと、彼らの言葉の使い方はじつにさまざまです。直接胸に響いてくる言葉もあれば、「え？　そんなこと考えてるの？」と不思議に思うような言葉もあります。

一般的に皆さんは、トップアスリートのポジティブな言葉に共感を覚えるのではないでしょうか？

しかし、多くのアスリートも時に弱音を吐いたり、ネガティブな表現をします。実際にお会いしたトップアスリートたちも、他人に言えない悩みを抱えながら懸命に前に進んでいるからです。

彼らの前向きな側面にはスポットライトが当たるものの、その迷いや悩みは一般にはあまり知られず、「一流アスリート＝ポジティブ」、さらに「ポジティブ＝成功」というような構図で解釈されがちです。

また、こういった名言を扱う類いの書籍では、おもにポジティブな言葉を強調して紹介する傾向にあります。

しかし、本当に重要なのは、どんなアスリートもメンタルが弱ったり、ネガティブになったりすることがあるということです。一生、ポジティブでいつづけられる人などこの世にいません。

だからこそ、私は多くのアスリートの言葉に触れる中で、**ポジティブな言葉を聞くよりも、ネガティブな状態から抜け出す術を学ぶことのほうが大事**だと思っています。

著名アスリートの言動から、私は３つの法則を見いだしました。

１つ目が、弱気であること。

2つ目が、自分流を見つけだそうとすること。
3つ目が、挫折を経験していること。

彼ら、彼女らの言動を調べてみて、私はポジティブに振る舞いつづけることを疑うようになりました。

もちろん、時として自らを奮い立たせる言動は必要かもしれません。しかし、それだけでは必ず頭打ちになる時期がきます。

多くの方々が世の中にあふれる「ポジティブに生きよう」というメッセージに同意しながらも、なかなかそれを実践できずにいるのではないでしょうか。

そんなとき必要になるのが、弱い自分に向き合う覚悟です。

弱気な自分、見たくない自分、嫌いな自分に向き合うのは難しいことです。

そこでアスリートの言葉を解説しながら、読者の皆さんのメンタルをサポートしつつ、自分と向き合っていただくことを目的に本書を執筆しました。

本書は、今にも心が挫けそうな人を対象に、4章立ての構成になっています。

1章は、スタートの不安を励ます言葉。

2章は、挫けそうな心に効く言葉。
3章は、生まれ変わるための言葉。
そして4章は、夢は続く、終わらない。
ご自身のメンタルの状態で読む章が選べます。どこから読んでいただいても結構です。弱いメンタルに向き合っていただきながら、自然とモチベーションが高まる仕組みにもなっています。

私の職業柄、アスリートに向けてのメッセージの形式をとっていますが、本書はビジネスマンや主婦、学生の方など、何かに取り組もうとしているすべての方にも自信を持ってお勧めできる内容になっています。

詳しくは本書中にも記しますが、私自身、今から8年前、会社勤めのときにうつ病と診断され、ひどくネガティブな状態を経験してきました。

そのとき、私を支えてくれたのが多くの人たちの言葉でした。私を勇気づけてくれたたくさんの言葉があったからこそ、今の自分があると確信しています。

本書が、あなたがしんどいと思ったとき、そっと寄り添えるような存在になれることを願っています。

弱いメンタルで大丈夫です。
挫けても不安でも心配いりません。
すべては成長のチャンスなのですから。

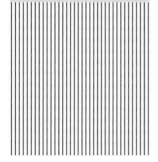

弱いメンタルに
劇的に効く
アスリートの言葉

もくじ

CHAPTER 3

生まれ変わるための言葉

CHAPTER 4

夢は続く、終わらない

ブックデザイン◎原田恵都子（ハラダ＋ハラダ）
本文図版◎二神さやか
著者写真◎安本彰

Chapter 1

スタートの不安を励ます言葉

Calling &
Commitment

「負けをどう受け止めるか？」

競技の種類も、年齢・性別も問わず、私は年間でじつに1000人以上のアスリートに出会っています。すでに数多くの実績を積まれたベテラン選手もいれば、競技を始めて1年あまりという駆け出しの中学生もいます。

メンタルコーチという仕事を始めて8年、累計で1万人以上もの多種多様なアスリートに会ってきたことになります。

そんな経験を重ねる中で、〝成功〟をつかみとるアスリートたちには不思議と、ある共通点があることがわかってきました。

本書で紹介するいちばん初めの言葉はこれです。

”

先のことは心配せずに、ひとつひとつレースを戦っていこう。最終的

に勝てれば言うことないし、負けたとしてもこの世の終わりが来るわけじゃない。（セバスチャン・ベッテル）

F1において史上最年少ワールドチャンピオンをはじめ、数々の最年少記録を樹立したセバスチャン・ベッテルさんの言葉です。

「勝ち・負け」よりも、レースをどう戦うかに主眼が置かれています。「絶対に勝つ」のではなく、そんなことは考えずに、一つひとつのレースを見ているのです。

私が実際に会ってきた多くのアスリートの中にも、結果に対して強いこだわりを持つ方が多くいます。たくさんの努力と時間を費やし、時に人生をかけながら競技を追究すれば、「勝ち・負け」にこだわりが出てくるのは当然です。

しかし、成果を残してきた選手は、なぜか「結果」よりも「成長」に目を向けていることが多いのです。

きっと、どう成長するか次第で結果が変わると信じているからでしょう。

だからこそ、**「結果を求めるのではなく、結果を出すためにどうしたらいいのか？」**

を考えているのです。

目の前の一つひとつを大切にしていくことで、むしろ勝敗へのこだわりが薄れていくのかもしれません。

負けるのが恥ずかしいとは思っていません。（高橋尚子）

セバスチャン・ベッテルさんの言葉を裏付ける上で、この言葉は外せません。日本女子マラソンでのオリンピック初の金メダリスト・高橋尚子さんのものです。

負けをどう受け止めるかによって、あなたの成長のスピードは大きく変わってくるかもしれません。

心理学には**「レジリエンス」**という言葉があります。別名・精神的回復力といわれています。

簡単に伝えると**「失敗しても、また頑張ろうと思える気持ち」**です。

これは目の前に起きる困難な出来事に向き合う際に必要な能力だといわれています。NASA（アメリカ航空宇宙局）の採用試験ではどれだけ大きな困難に向き合い、乗り越えてきたかを採用基準の一つにしているそうです。宇宙というだれも助けてくれない過酷な極限状態では、この困難を乗り越える力（レジリエンス）が求められるのです。

一人で数多くの困難を乗り越えなくてはならないという点では、人生も、そして各競技もおなじようなものだといえます。レジリエンスの強さは才能ともいえるものです。

私の元に来る選手の多くが崖っぷちです。試合になかなか出られない選手がいるかと思えば、試合に出ても結果を残せない日々が続く選手もいます。また、監督やコーチから理不尽な指導をされて、その解決策を求めてやってくる選手もいます。

そうした選手を前に、私はあえて「それはチャンスですね！」と伝えます。

選手たちは皆、目が点になります。うまくいかない悩みを伝えたら、チャンスだと喜ばれるわけですから、不思議な気持ちがするのかもしれません。

しかし、私は真剣にそう思っているのです。

なぜなら、挫折や敗北を経験し、それを乗り越える体験をするのは、早ければ早いほどいいからです。年をとってからでは手遅れとまではいいませんが、若いうちに経験をしておけば、それを乗り越える力も身につきやすいと考えています。

これはレジリエンスを鍛えることにもつながります。大きな挫折や、繰り返しの挫折によって、レジリエンスが磨かれていくのです。

長い目で見たとき、**大きな舞台で夢を叶えたいと願うのであれば、早く挫折を経験することが大切**になってきます。

挫折や敗北は、あなたのレジリエンスを磨きあげる絶好のチャンスなのです。

「不安があるから前に進める」

この章のタイトルは「スタートの不安を励ます言葉」です。

皆さんは「不安」についてどう捉えているでしょうか？

じつは不安とは、自らを前に進める推進力にもなるチカラなのです。

ここからは少しだけ不安の正体について考えてみたいと思います。

辞書にはこう書かれています。

「不安：気がかりで落ち着かないこと。心配なこと。また、そのさま」（デジタル辞典）

私の専門はメンタルコーチングです。コーチングを行なう際に特に重要視していることがあります。それが「思い込みのフタ」です。

「セルフイメージ」や「ビリーフ」ともいったりします。最近では「心の色眼鏡」だったり「自分ルール」という言い方で紹介することもあります。

各競技で活躍したり、ベストなパフォーマンスを発揮するために必要なことが、この「思い込みのフタ」を取っ払うことだと私は考えています。

思い込みのフタとは、あなたの能力を制限している思い込みのことです。

「自分にはあの記録は突破できない」

「あの選手には到底太刀打ちできない」

「私にはそんな能力はない」

……これらはすべて思い込みのフタです。このフタがかぶさっているせいで、あなたの能力は押さえつけられてしまっているのかもしれません。

このフタが取れさえすれば、あなたの能力が100%発揮できるようになるかもしれないのです。

ここで私は、まずあなたの「不安」についての思い込みのフタを取りたいと思います。

臆病なのは何も悪くありません。(岩隈久志)

不安に感じるとき、私たちは何を不安に感じているのか?

何に気を取られているのか?

そして、何を思い込んでいるのでしょうか?

不安について説明する際、私はこんな話をします。心理学の「ジェームズ・ランゲ説」という学説です。

この説は一般的には「楽しいから笑うのではなく、笑うから楽しい」と説明されます。この説では、感情よりも行動が先で、感情とは行動した際に生まれる生理的な現象と唱えています。つまり、行動したことで感情が湧いてくるのです。目標に向かおうとするからさまざまな感情があるのです。**不安に感じるのは、めざすべき目標を見据えての、当たり前な感情の現れなのです。**

> ぼくは臆病です。つねに恐怖心を持って乗っている。（武豊）

> 僕は強い人間ではないのだと思う。（上原浩治）

これだけ結果を残すアスリートでさえ不安を抱えていることがわかります。そして、彼らはみな不安を無理して消そうとするよりも、うまく受け入れようとしているように思えます。

そもそも、**不安という感情を悪いものだと決めつけたのはだれなのでしょうか？**

不安があったからこそ前に進めた経験ってありませんか？

あなたは不安だからこそ勉強したり練習したり、さらには準備をするはずです。そうやって「不安」という感情があったからこそ人は強くなっていくのだと私は思っています。

一流のアスリートは不安を力に変えることができる人たちのように見えませんか？

> **僕がなぜこのように「心を整える」ことを重視しているのかというと、僕自身、自分が未熟で弱い人間だと認識しているからです。**
>
> （長谷部誠）

サッカー元日本代表で活躍された長谷部誠さん。試合中にはキャプテンシーを発揮して代表チームを牽引してきた方ですから、リーダシップや平常心などの印象が強いと思います。

しかし、そんな彼ですら自らを「弱い人間」と認識しているのです。

私はこう考えています。

自分の弱さを直視できるからこそ、人は強くなれる。

長谷部選手がつねに平常心を発揮できるのは、その土台に自分が未熟だと認められる素直さがあるからだと思います。

だからこそ、弱いことを受け入れてそのために何ができるかが大事になってくるのです。

弱い自分を認められる人ほど強くなれるのです。

脳研究者の池谷裕二さんが興味深い心理実験を紹介していました。

65名の大学生を対象に、30個のジョークを読ませ、どれほど面白かったかを評価してもらうという心理実験が行なわれました。この点数で被験者のユーモア理解度がわかります。それと同時に、「あなたのユーモアの理解度は同年代の中でどのくらいに位置していると思いますか?」という質問もしたそうなのです。

すると、この調査の結果、〝ユーモア理解度の順位の低い人ほど自己評価が高い〟という傾向が出たのです。

なんと成績下位25％以内の人は、平均して「上位40％程度にいる」と自分を過大評価した一方、成績上位25％以内の人は「上位30％程度にいる」と過小評価したのです。

これはどういうことなのでしょうか？

池谷さんは、この現象を次のように説明しています。

❶能力の低い人は自分のレベルを正しく評価できない。

❷能力の低い人は他人のスキルも正しく評価できない。

❸だから、能力の低い人は自分を過大評価する。

この現象は、ユーモアに限ったことではなく、論理的思考力や一般学力試験でも見られるといいます。

この研究は心理学では広く認知され、博士らの名前にちなんで「ダニング＝クルーガー効果」と呼ばれるそうです（講談社サイト「なぜ能力の低い人ほど自分を『過大評価』するのか」）。

この実験が示していることは、〝能力が低い人ほど過信する〟ということです。**きちんとした不安を持つことは、自らを成長させていくために必要不可欠なことなのです。**むしろ過信することのほうがはるかに弊害が多いといえます。

不安を持ちながら、弱い自分を認識しているくらいでちょうどいいのです。

もし、あなたがいま不安なら、自分を成長させていくための準備が整いつつある、と捉えてみてはいかがでしょうか。

アドバイスに迷ったときに

日本のスポーツ界は、選手に謙虚さや素直さを求めます。私自身、競技で活躍するために、不安であることと同時に謙虚や素直であることはとても必要なことであると思っています。

ただ、謙虚さだけがあればいいのかというと、それもまたちょっと違うと思います。

女子バスケで活躍されていた大神雄子《おおがゆうこ》さんをご存じでしょうか？

名古屋短期大学付属高等学校（現・桜花学園高等学校）に進学。2年時の1999年インターハイ、国体、ウィンターカップ三冠を達成し、3年間で7度の全国タイトルを獲得。日本の国内女子選手として初めてプロ選手として契約し、2人目の日本人WNBAプレイヤーにもなりました。大神さんの著書の中にとても興味深い言葉を見つけました。

“私は謙虚な姿勢を7、エゴを出していく姿勢を3くらいの気持ちでコートに立っています。（大神雄子）”

「謙虚さ」「素直さ」を大事にするあまり他人の意見をすべて聞き入れてしまう心優しい選手がいます。小さなころから、謙虚であれ、素直であれ、と教育しつづけられてきた結果、そうした価値観をなによりも大切にしているのです。

じつはそういう選手ほど、頭で考えすぎ、試合前に悩み苦しんでしまう傾向があります。

私も選手からの相談を受ける中でよく耳にする話ですが、あるコーチから受けた指導とは正反対の指導をまた別のコーチから受ける、というようなこともあるのです。

さらにいえば、有名選手が取り組んでいるトレーニング方法などが万人に有効とは限りません。アドバイスが必ずしも正解とは限らないのです。

謙虚で素直すぎるあまり、すべてのアドバイスが正解だと思い込む。これは本当に心優しい選手、素直な選手ほど陥りがちな悲劇です。

物事はつねにバランスが大事です。謙虚さの中に、「人の意見が正しいとは限らない」という〝エゴ〟があるくらいのバランス感覚が大事だと思います。その人にとっての正解はその人にしかないのですから。

では、どうしたらいいのか？

多くのアドバイスを前に迷ってしまう、心優しい選手にこそ取り入れてほしい考え方があります。

今の自分に取り入れてみてフィットするかどうかを判断するのです。

他人のモノをそっくりそのまま真似る必要はまったくない。真似事で終わってしまってはいけない。自分だけの「ピッチャーズバイブル」を作ればいい。（上原浩治）

浪人して大阪体育大学に入学し、読売ジャイアンツにドラフト1位で入団。その後、メジャーリーグにも挑戦し、ワールドシリーズで胴上げ投手にまでなった上原さんの言葉は、プロ野球で活躍するだけでなく、競技レベルを高めるための示唆に富んでいます。

「ピッチャーズバイブルを作ればいい」という考え方はふつうの選手にはなかなか思えないことでしょう。

バイブルは英語でbible、意味は「聖書」「転じて、特定の分野において権威のある書物」です。

上原さんの言葉から私が伝えたいことは、**自分なりのやり方を見つけることの大切**

さです。

私は、アスリートとは「研究者」であるべきだと思っています。エジソンが何度も何度も失敗しつづけながら電球を発明したように、あらゆる研究者が試行錯誤しながら自らの研究に取り組みます。アスリートもまた何度も何度もチャレンジし失敗しながら、自分流を見つけなければ競技の世界で生き残ることはできないのです。

だからこそ、謙虚すぎてもダメ、エゴがむき出しでもダメなんです。物事はバランス。謙虚とエゴのバランスをとりながら、自分なりの成功法則を見つけるのです。

当然、一朝一夕に自分の〝バイブル〟が完成することなどありません。

もしかすると、それは研究者とおなじように試行錯誤を繰り返しながら、一生涯をかけて探し出すものなのかもしれません。

そして、自分自身のバイブルを作りあげようとしている人は、成長の過程を大切にできる人のはずです。

バイブル探しの旅に出た以上、**つねにチャレンジしつづけることがアスリートの宿命**なのです。

成功法則は、高いレベルに行けば行くほど、その人自身に特化したものになるからです。（為末大）

陸上競技400メートルハードル日本記録保持者でもある為末さんの言葉にあるように、高い次元に行けば行くほど、成功法則はその人自身に特化したものになります。デカスロンと呼ばれる陸上十種競技をされ、日本記録も持つ右代啓祐《うしろけいすけ》さんは私の友人です。

右代さんと食事をした際、プロテインについての話がいまも私の記憶に焼きついています。

体脂肪率4％という驚異的な肉体を維持するためにどうしているのか、とても気になった私は右代さんに尋ねました。

「右代さんはどんなプロテインを飲んでいるのでしょうか？」

すると右代さんから返ってきたのは意外な答えでした。

「じつは、そんなにプロテインは飲んでいません」

私は拍子抜けしました。なぜならば「どんなアスリートも、特に右代さんのような肉体を維持するためには必ずプロテインが必要」と思い込んでいたからです。

右代さんはプロテインありきではなく、できる限り奥様の手料理で必要な栄養を取り入れ、それでも足りないと感じたときだけプロテインを飲むことにしているのだそうです。

これこそ、右代さんだけの体作りのバイブルなのです。トップの選手には、独自の考え方があるのだと実感した出来事でした。

このことは、食事だけでなく、技術、フィジカル、そしてメンタルにも通じます。**だれもがおなじ思考の持ち主ではなく、一流選手には一流選手ならではの特徴が必ずあります**。そして、場合によってそれは他人に理解されない境地であることもあり、時に孤独なのです。

イチローさんが振り子打法をしはじめたとき、ほとんどの人が反対しました。しかし、数年後、野球少年たちはみなイチロー選手の真似をしはじめたのです。

じつは皆さんも無意識に、指導者の意見を取り入れたり、取り入れなかったり、あれこれと試す中で、最高のやり方を得ようとしているはずです。

それを**より明確に「バイブル作り」として意識付けすることで、めざすべきものがはっきりとしてきます。**

そんなとき、目標とする選手がいたとしても、そのすべてを真似ることはありません。

自分による、自分のためだけのバイブルを仕上げてほしいのです。

どうしたら軸が持てるのか？

ここまで、失敗や不安を持っていいとお伝えしました。さらには自分なりの方法（バイブル）を見つけ出すことが大事だとも伝えてきました。

そのためにも自分の軸を持つ必要があります。軸というとわかりにくいかもしれませんが、「信念」だったり、「自分が信じること」「自分の心のあり方」ともいえます。

しかし、もしかすると、そんなことはすでに多くの人に言われてきたかもしれません。

では、どうして人はなかなか自分の軸が持てないのでしょうか？

その理由の一つがスポーツ特有の環境にあります。「競争」です。

一般的にスポーツ界では「競争」がよいものとして捉えられてきました。ライバルの存在がとても重要とされ、実際の競技においてもつねに他者と比較されて育ってきた人も多いのではないでしょうか？

また、そういったライバルのおかげで成長を実感してきた人も多いかもしれません。ところが、最新の科学によると、そうした考え方はどうやら誤解だったことがわかってきたのです。

このスポーツ界特有の〝大いなる誤解〟について解説する前に、次の言葉をお読みください。

常に心の中にあるライバルというのは存在していない。（野村忠宏）

これはオリンピックで柔道史上初、全競技通じてアジア人初となる3連覇を達成した野村忠宏さんのものです。あれだけ現役を続けてきたにもかかわらず「ライバルがいない」と著書で語っています。

この言葉こそ、最新科学が解き明かした〝大いなる誤解〟をひもとく鍵です。

心理学に「非競争的報酬」という用語があります。有名なのがエイムズの実験です。

この実験では、被験者である男の子に、2人1組になって、課題を解いてもらいます。そして課題を解き終えるたびに、2人の成績が読みあげられます。

Aチームの男の子たちには「成績がよかったほうが勝ち、勝ったほうがご褒美をもらえる」と伝えます。

Bチームの男の子たちには「勝ち負けはなし。2人には研究に協力してくれたご褒美をあげる」と伝えます。

結果、「自分の成績はどうだったか?」と振り返ってもらったところ……どういう結果が出たでしょうか?

Aチームは成績を自分の能力や運と結び付けた子が多かったのに対し、Bチームは成績を自分の努力と結び付けた子が多かったのです。

一般的には競争したほうが、競い合うことでよい結果が出やすいと思われています。

しかし、競争という無意識に比較が起きる環境で育つと、出た結果を自分の努力よりも、備わっている能力や運と結び付けやすいというのです。

競争は「勝敗の結果が出た後」が問題です。人は結果が出ると、なぜその結果が出たのかを分析します。そして競争に勝った場合には「自分はできる人間だから」「自分は強運の持ち主だから」と結論付けやすく、競争に負けた場合は「自分はできない人間だから」「自分は運がないから」と結論付けやすいのです。

つまり、競争の中で勝ったとき、人は「自分は能力がある」「自分は運が強い」というふうに解釈し、「自分が努力したから」というふうには考えないというのです。

この実験が明らかにすることはなんでしょうか？

人は他者との競争で自信が得られると思いがちですが、実際には過信を生みやすいことがわかるのです。

一方、過去の自分と比較して成長することに目を向けることができれば、意欲が湧きやすくなるのです。

つまり、**本物の意欲を湧きださせるためには、他者との比較ではなく、自分との比較に目を向けることが大切**なのです。

自分の軸がなかなか持てずに苦しむ人は、まず他者との比較や競争をやめることが大事です。

そして、「昨日の自分を超えていくためにどうしたらいいか？」

「そのためにできることは何か？」

に意識を向けるのがポイントになるのです。

静かな空間でひとりノートに向き合う時間、それが僕の人格を育ててきたのかもしれない。（中村俊輔）

では、具体的にどうすればそうした意識改革ができるのでしょうか。

自分の軸をより強固なものにするためにお勧めしたいのがノートをつけることです。

中村俊輔さんの言葉もノートの重要性を示しています。

ただ単にノートをつけるのではなく、数字を書いていくことが大事だと私は考えています。さらにできればエクセルなどを利用してグラフ化すると成長をより実感しやすいと思います。

私のクライアントのケースです。あるゴルフ選手に、毎回の練習や試合での結果を記録しつづけてもらいました。今ではスマホアプリがあり、記録もたいへん簡単になっています。

3カ月ほど計測すると、自然と自分自身の弱点が見えてくるようになります。

彼は、自分はパターが苦手で、それが弱点だと思い込んでいました。しかし、記録を続けていくと、アプローチがうまく決まったときにはパターもうまくいきやすいことがわかりました。彼はアプローチの技術をさらに向上させることが苦手克服につながることに気づいたのです。

こうして彼は努力の方向性をしっかりと整えることができました。

それまではライバル選手がどんなパターの練習をしているのかが気になっていたのですが、自分自身がやるべきことが明確になったのです。

ほかにも同期の活躍が悔しくて悩んでいたある競艇選手に、毎試合ごとに項目ごとに分けられた表に結果を書き込んでもらうようにしました。

その日の天候、コンディション、心理状況、スタートタイム、最初のターンの出来などを10点満点で自己評価してもらったのです。それまで漠然と「なんとなくよくない」としてしか把握できなかったことがきちんと頭の中で整理されたと、のちに彼は語ってくれました。

もちろん、こうしたことにくわえて、彼自身のたゆまぬ努力もあり、デビュー後2年間、一度も1等を獲れなかった選手が、このワークの2カ月後、初めて1等を獲ることができたのです。

どうしても他者の存在が気になって仕方ない人に、意識を他人から自分に向けるために参考になる言葉があります。

”ライバルと比べるのか、自分と会話するのか、その違いはあっても、結局は自分を知ることが大事。それが自分を高めることに結びつく。
(杉山愛)“

杉山愛さんはWTAダブルス世界ランキング1位まで上り詰めたテニス界のスーパースターです。

杉山さんのいう「自分を知ること」とはなんでしょうか。

この能力をメタ認知能力といいます。「もう一人の自分」を理解する力と言い換えてもいいかもしれません。

自分自身を客観的に見るというのはじつはたいへんに難しく、できない人にとっては本当にできません。

メタ認知能力を磨くことで、自分自身を客観的に見ることが可能になります。鷹の目を持てるのです。

内向きになっていた視点が外に向くことで自然と落ち着いてくるものです。人によっては特に自分の世界に入りすぎてしまい周りが見えなくなる選手がいます。そういった選手であればあるほど、見えている景色が狭くなりがちです。

フィギュアスケーターの鈴木明子さんとお食事させていただいた際、彼女は試合前に必ず会場を見渡してから試合に挑むと話していました。そうするうち、歓声の中の友達の声を聞き分けられるくらい感覚が研ぎ澄まされるそうです。逆に何も聞こえないようなときはよい結果にはつながらなかったといいます。これもメタ認知の重要性を示すエピソードです。

人間は本来、活動態勢にあるとき、交感神経が活発になり、休んだりリラックスしたりするときに副交感神経が活発になるようにできています。交感神経が活発な際は遠くを見て、副交感神経が活発なときは近くを見るのが自然なのです。

ところが多くのアスリートは緊張状態にあるときほど、視野が近くのものに集中しやすくなります。これにより、交感神経と副交感神経のバランスが崩れてしまいます。もしかしたら鈴木さんは無意識に交感神経のバランスを整えるため、会場を見渡していたのかもしれません。

自分自身をしっかりと理解できていない状態というのは、車を運転する際にカーナビが誤った場所を指しているようなものです。いつまでたっても目的地に着くことができません。**自分自身を正しく理解できない状況は、誤った努力を重ねることにつながるのです。**

「感謝」の持つパワー

メタ認知能力を鍛えるにはさまざまな方法があります。

自分を客観的に見るためのセルフモニタリングや、静かに心を落ち着かせる瞑想などが代表的です。

私が多くの方にお勧めしたい、より簡単、手軽で結果も出る方法があります。

それが「感謝」です。

どんなすごい方法を教えてくれるのかと思ったら、ずいぶん平凡な答えだとがっかりされた方もいるかもしれません。

そんな方にこそ、「感謝」の本当のすごさを知っていただきたいと私は思っています。

「感謝」が持つパワーは科学的にも証明されているのです。

じつは、感謝しつづける人ほど脳細胞が増えることがわかっています。

ハーバード大学のラザー博士らの研究では、10年近く感謝を習慣付けしていくと意志力を司る前頭前野の厚みが0・1ミリ増えるとされています。これは1年に換算すると1000万個の脳細胞が増えることになるというのです。

さらには、人の気持ちを察することができ、予測する働きをする島皮質《とうひしつ》という脳の部位の厚みが0・2ミリ増えます。

さらにメンタルにも素晴らしい変化が起きるといわれています。カリフォルニア大学デイヴィス校のエモンズ博士らによって行なわれた実験があります。

実験では192人の学生を3つのグループに分けました。

1つ目のグループには、「大きいことでも小さいことでも感謝できることを見つけて毎日、日記に書いてください」と指示します。

2つ目のグループには、「嫌なこと、イライラすることを思い出して毎日、日記に書いてください」と指示しました。

3つ目のグループには、「毎日の出来事を日記につけてください」と指示しました。

そして、3つのグループとも10週のあいだ、日記を書きつづけてもらいます。あわせて、どのグループにも「心の状態」「身体の状態」「人間関係」についても記録してもらいました。

10週間後、もっとも大きな変化があったのは1つ目のグループでした。毎日感謝の気持ちを書きつづけたグループの学生たちは、ほかの2つのグループに比べて身体の調子がよくなり、エネルギーが湧く感覚を強く持つようになったといいます。

この実験により、感謝を記録することで、「自分は変われる」「自分は向上できる」という気持ちが持てるようになることが証明されました。さらには身体の運動機能が向上し、人間関係までも向上するといいます（『何をやっても続かないのは、脳がダメな自分を記憶しているからだ』岩崎一郎、クロスメディア・パブリッシング）。

”

ジャンプ台にしても、私たち選手が朝、会場に着くよりももっと早く、たくさんの人が来て作ってくれているから飛べるんですね。それを考えると感謝せざるを得ないというか、感謝せずにいられないです。（高梨沙羅）

“

実際、私も契約しているアスリートとのコーチングで、試合直前にメールや電話で緊張や不安をなんとかしたいと言われることがあります。

ある選手は予選会では思うような結果が出ず、ギリギリのスコアで予選を突破。久々の決勝を前に、緊張と不安が限界値を超えてしまいました。そして、涙を流しながら、私に電話で心境を吐露してくれました。

そんなときに行なうのが、「感謝のワーク」です。私はこんなふうにアドバイスしました。

「この場に立てることがどれだけ有難いことか考えたことはありますか？　その理由を5つ以上書き出してみてください」

試合の直前であればあるほど、意識はどうしても外的要因に向きがちです。

「あの選手は強そうだ」「グラウンドコンディションがよくなさそうだ」「記録が出なければ監督に怒られる」「この試合に勝てるだろうか」……。

自分自身を客観的に見る視点は失われています。

ここで意識を「感謝」という視点に向けてみるとどうでしょうか。

「有難う」とは文字どおり、有ることが難しいと書きます。そのことに気づけた選手は今何をすべきかに意識がしっかりと向きます。

彼女にとっては久々に大きな舞台だからこそ、その場に立てる感謝や喜びを見つけることに意味がありました。

その数時間後、彼女が満面の笑顔で表彰台の一番上に立っている姿が写真で送られてきました。

特に私の印象に残っているのは、後日彼女が「感謝のワークをしてみたら、自分の弱点は全部伸びしろなのだと気づけました」と語ってくれたことです。彼女のメタ認知能力が高まっていることを実感した言葉でもありました。

こうした実例を数多く知っているからこそ、私は多くの方にふだんから「感謝」を見つけることを習慣化してほしいのです。

そのため私はコーチングを行なう選手に、毎日一つでもいいので小さな感謝を見つけ、ノートに記してもらうようにしています。

これに慣れてきた選手にはさらにハードルを上げて、一度書いた内容は次の日以降は書かないようにしてもらっています。それには理由があります。

意外と人間は悪いところは自覚しているのだが自分のいいところに気づいていない。（宮崎正裕）

宮崎さんは剣道競技史上最高の戦績を残したことから、「平成の剣豪」「剣道界の鉄人」「努力の天才剣士」などと称され、剣道の世界では知らない人はいないほどの方です。

人はなかなか小さなことに目を向けることが苦手です。そして、宮崎さんの言葉のとおり、自分のよいところを見つけることよりも悪いところに目が行きがちなのです。

日本は「反省」が美徳だと思われる傾向があります。私が担当する中にも「反省」という言葉をよく使うアスリートがいます。彼は、結果が出ないとよく「反省します」と口にし、落ち込みます。

しかし、反省とはなんでしょうか。辞書にはこうあります。

「自分のよくなかった点を認めて、改めようと考えること」（デジタル大辞典）

つまり、反省とは改めるという意味が含まれているのです。よくない点を見つめて落ち込むことが反省なのではありません。よくない点を見つめて、よくしていくためにどうしたらよいかを考える、前向きな言葉なのです。

そして、**改善していくにはダメなところを見つけることよりも、伸びしろを見つけるクセが大事になってきます。**「感謝のワーク」によって、「有難う」をたくさん見つけられた人は、自分の弱点も伸びしろなのだと捉え直せるはずです。

たとえば、「足が遅い」ではなく、「走力を鍛えたら可能性が倍増する」のです。物事を捉え直すことで、プラスな出来事に目を向けられる選手に変化していきます。

> 俺の中では、障がい者が健常者の記録を超えられるかもしれないというところに快感と面白さがあるんだろうね。スポーツである以上、記録が平凡だと面白くない。パラスポーツを見る今の俺の観点は完全にそこにある。（山本篤）

義足のアスリートとして数々の記録を残してきた山本さんの言葉は、見えている世界観が違えば喜びに感じることも変わっていくことを示しています。

通勤・通学で使っている、自宅から駅までの道路を想像してみてください。きっと多くの方がその風景をかなり鮮明に頭の中に描けると思います。

では次に、その道中に何本の電信柱が立っているか、お答えください。たぶんほとんどの方が電信柱の本数を答えられないはずです。

こんなふうに、人は知っているように思えて、意識しないと気づけないことがたくさんあるのです。

逆に、好きな人ができると無意識にその人のことばかり目で追ってしまった経験がある方も多いでしょう。

自分にとって必要なことには自然と意識が向き、そうでないことにはほとんど意識が向かない。このような能力をサーボメカニズムや、心理学ではカラーバス効果といったりします。

その能力を活かすためにもふだんからよいところを見るクセが大事なのです。それにより、自分の感情のレベルを高いところにキープすることができるようになります。

それは自分だけでなく、他人に対しても一緒です。**他人のダメなところを見ている人は自分のダメなところにも気づきやすいでしょう。**

しかし、他人のよいところに気づければ、自分のよいところにも気づきやすくなります。人を褒めることができれば、褒められたほうも嬉しいですし、両者の関係も自然に変化していくものです。すると、感情のレベルは自然と高まっていくわけです。

こうして自分自身の気持ちも自然とポジティブに変化しやすくなっていくのです。

〝ダメな自分〟とどう向き合うか？

自分に対してダメなレッテルを貼ってしまっている選手の思い込みを解きほぐすのは至難の技です。

「ダメな自分でもいいのかも？」そう思ってもらえる言葉があります。

強いものは自分の弱点を知っているからね。だから負けないんや。弱いところがあるから人間は進歩するんとちゃうかな。（辰吉丈一郎）

「浪速のジョー」の愛称で親しまれた辰吉さんは、元WBC世界バンタム級王者で、その言動は多くの方を魅了してきました。その反面、幼少期にはいじめを受けていた経験を告白しています。

私は本当に強い人ほど優しい人だと思っています。なぜならば、優しい人ほど本当は気弱だからです。そういう人ほど、自分の弱点にしっかりと向き合う勇気を持っています。だからこそ、そういった**弱い自分に向き合える勇気がある人こそが本当の強さ**なのではないのでしょうか。

辰吉さんの本を読み進めると気づかされることがあります。

彼の本には、自分自身に才能があるとか、運がいいといったことがいっさい書かれていないのです。

おなじように一流と呼ばれる選手は自分には才能があるとは言いません。

無敗のまま世界チャンピオンになった井岡一翔さんも自著に「才能があるなんて実感したことはない」と書かれています。

さらにはあのイチローさんもこんな言葉を残しています。

「僕は天才ではありません」

こうしてみてみると、やはり不安に思ってもいいのです。ダメなところがあってもいいのです。

大切なのはそういった弱い自分を隠さずに伸ばしていこうとする視点があるか、ないか、なのかもしれません。

ダメなところにもしっかりと向き合う中で、自然と自分のよいところが見えてくるものです。逆に、最初から才能があると思っていたり、自分には能力があると思っている人ほど、努力を怠るものです。

そこで理解したいのが、心理学者のベルナルド・ワイナーによって提唱された「原因帰属理論」です。

ワイナーは、子どもでも大人でも、仕事や勉強が「なんでうまくいかなかったか？」

と自問すると、その原因を次の4つに当てはめる傾向があると指摘します。

❶「能力」が足りなかった
❷「努力」が足りなかった
❸「問題」が難しすぎた
❹「運」が悪かった

この説によれば、物事がうまくいかないとき、その原因をどう考えるかでその後のモチベーションに差が生まれるのです。

ここでいう能力とは生まれ持ったものです。身長やセンス、才能も含まれます。

多くの人はうまくいかなかったとき、能力や才能に目を向けます。

そして、うまくいっている人たちをこのように評価しがちです。

「あの人はもともと才能があったから」「伸びる環境にいたから」

努力しても報われないと思う選手が多いのが現実です。

こんなに努力しているのに結果が出ず、ちょっと練習しただけで結果を残している（ように見える）選手が近くにいれば、こうした気持ちが湧き出てしまうのも仕方な

失敗の4つの要因

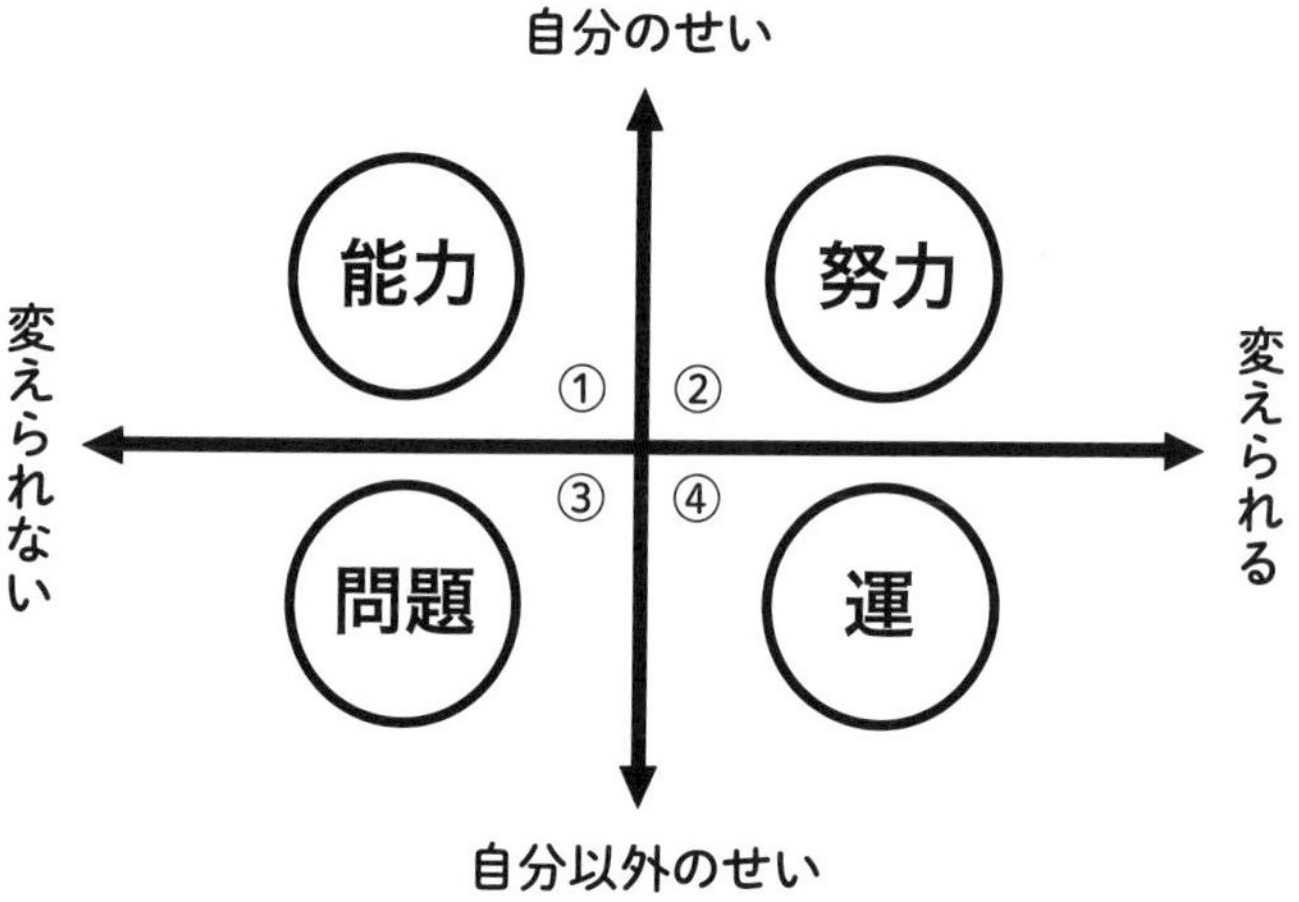

いのかもしれません。ついには、努力なんかしなくていいのではないかと思ってしまう選手を何人もサポートしてきました。

しかし、それらは変えられるものではありません。ワイナーの説に当てはめるなら、「能力」も「問題」もコントロールできないのです。

コントロールできないことをコントロールしようとするとストレスになります。だからこそ、**コントロールできること、今この瞬間に目を向ける必要がある**のです。

努力は必ず報われるか？

絶望の淵からよみがえり、ついには歓喜を味わってきた選手を何人も見てきました。

２０１１年から２０１８年まで世界チャンピオンを５名、日本チャンピオンになった選手を８名見てきた実績と経験から、皆さんに伝えたいことがあるのです。

努力しても報われるわけじゃない。でも努力しないと報われない。
（村田諒太）


ロンドンオリンピックで金メダルを獲得し、プロデビュー後に世界チャンピオンになった村田さんの言葉です。

この言葉を引用したのには理由があります。それは、私自身が努力しつづければ必ず道は拓けると思っているからです。

「結局、努力かよ!?」という落胆の声が聞こえてきそうですが、私が一番伝えたいのはそういう意味ではないのです。

私が伝えたいのは「本当の努力」の意味です。

何人も世界チャンピオンを輩出した、サーフィンの世界では知らない人はいない有名なコーチとお会いしたときのことです。彼は会うなりこんなことを話してくれました。

「ハヤト、キミは2つのキューを知っているか？」

おもむろに英語で質問されたので、私には「キュー」の意味がまったく理解できません。

すると彼は紙に「Q」と書いてくれました。

これを見てすぐに彼の意図を読み取りました。

彼はこう言いました。

「Not Quantity. Quality is important」（量よりも質が大事だぞ）

どうして彼がそんな話をいきなりしてくれたのかはわかりません。

彼の目には日本人の勤勉さや素直さがとても新鮮だったのかもしれません。勤勉で素直だからこそ「量」だけを大切にしようとする日本人アスリートに疑問があったのだと思います。

私自身、薄々気づいていたことを世界的に実績のあるコーチと意見交換ができ、自信を深める機会になりました。

努力は必ず報われる。もし報われない努力があるのならば、それはまだ努力と呼べない。（王貞治）

この言葉はとてもよく知られていますが、もしかすると本当の意図が伝わっていないのではないかと思っています。

報われるまでやりつづけることが本当の努力だ、と解釈されがちで、努力の「量」を重要視しているように思われます。しかし、私はこの言葉を「報われるような努力」とは、「質をともなった努力」のことを指していると解釈しています。

王さんが言っていることの本質は「量」よりも「質」に目を向けるべきだということなのではないでしょうか。

かつて、絶対音感について才能といわれた時代がありました。今でもそう理解している方も多いと思います。

しかし、現代ではそれは誤りだとする説があります。適切なトレーニングを受けた子どもであれば絶対音感も手に入るといわれています。

人の才能は生まれつきなのか？　努力なのか？　疑問に思ったのがフロリダ州立大学心理学部のアンダース・エリクソン教授です。彼は、チェス、バイオリン、テニス、数学などさまざまな分野の世界中のトッププレーヤーたちを、30年以上にわたって科学的に研究しました。

そして彼らの共通点としてたどり着いたのが「限界的練習法」でした。

ポイントは5つあります。

❶超具体的な目標を立てる
❷意識して練習する
❸フィードバック
❹つねに現在の能力を上回る課題に挑戦しつづける
❺効果的な練習方法を知る人が監督する

つまり、考え方を変えると、**だれもが素晴らしい才能を持っている**といえます。**問**

題はその眠れる才能を引き出す努力の仕方を知らないだけなのです。

だからこそ、闇雲な努力になってしまい結果が出ずに苦しむのです。そんな苦しい自分にならないためには自分自身のあるメンタルが変わらないといけないと思っています。

そのメンタルとは素直さです。

前述の大神さんのところでも解説したとおり、言われたことに「ハイ!」と従うのが素直さと思われがちです。私もずっと野球をしていたので先輩や監督、コーチに口答えしてはいけないと思い込まされて生きてきました。

しかし、言われたことをただやるだけが素直さかといえばそれは違います。

ただ「はいはい」と聞くだけじゃなくて、わからないことはドンドン質問しようと考えた。うっとうしいと思われてもかまわない。

(新庄剛志)

阪神タイガース時代、野村克也監督のもとで新庄さんはつねにこんな姿勢でいたそうです。私はこの気持ちが本来あるべき素直さだと思っています。

私が一番伝えたいのは「わからないことにも素直になる」という姿勢です。

わからないこと、理解できないこと、難しく感じたことは聞くのが一番早いのです。素直に聞いて疑問に感じたら、素直に質問する姿勢がポイントです。

コーチを利用するくらいの気持ちを持って自分の競技人生を心から楽しんでほしいのです。

しかし、選手目線で考えると指導者は雲の上の存在です。特に指導者への評価を気にするあまりに不安が強くなる人ほどなかなか意見が言えないものです。さらには日本の独特な環境も選手からの意見が言えない状況に拍車をかけています。

日本人のコーチに多いのが教えたがるコーチです。それはコーチングではなくティーチングです。

そんな指導者とどう接したらいいか？　迷いに迷って辞めてしまう人やモチベーションが保てない人が後を絶ちません。

そういった選手の気持ちが痛いくらいわかります。私もそういう経験を何度もしてきたからです。

あるコーチと別のコーチとでまったく違う指導をされたり、どんな選手になりたいか聞くこともなくひたすら技術だけを教えてきたり、きちんと見もせず「意識が足りない」と怒鳴られたり……。ただただ浴びせられる情報をうまく消費できなかったのです。

当時の私には、指導者の意図を汲み取り、取捨選択して自分に合ったものだけを取り入れるような能力はありませんでした。指導者の言うとおりにやっていればいいと思っていたのです。

振り返ってみても指導者との付き合い方には後悔が多くあります。

だからこそ、皆さんには自分の意見をきっちりと伝え、指導者からのよい情報を取り入れ、競技生活を楽しんで過ごせるようになっていただきたいのです。

「やっぱり言いにくい」というなら、ぜひ自分自身にこう問うてみてください。

「このまま何もせずに終わる人生を歩みたいか？」

自分の人生の主導権は自分自身のものです。

アスリートとして一番大事なことは他人からの評価ではありません。**自分自身が最大限に楽しむために最高の成長をしていくこと**。そして、**その結果として夢を叶えていくこと**。それが目的のはずです。

次章では、心が折れそうになったときに頼りになるいくつかの言葉を紹介していくことにしましょう。

Chapter 2

挫けそうな心に効く言葉

Threshold & Guardians

「どん底を歓迎しよう」

私のところにはうまくいっている選手よりも、現状がうまくいかない選手が多く訪れます。

「試合で負けつづけている」「試合で結果を残せない」「レギュラーになれない」「監督やコーチに干されている」などなど、悩みの相談は多種多様です。

メンタルを試されるような出来事に遭遇した選手の多くが挫けてしまい、競技を辞めるかどうか、本気で悩んでいます。所謂、崖っぷちの選手です。

そうした選手はメンタルコーチングに活路を見出して、なんとか自分の目標や理想を叶えたいと思って来てくれます。

彼らにはある特徴があります。それが、負けやネガティブな出来事に対する捉え方が極端であることです。

たとえば、試合前、不安に押しつぶされそうなとき、さらには試合で結果を残せなかったとき、この世の終わりのような悲壮感を抱えてしまうのです。

じつは私自身もうつ病を経験したので、この極端な考え方や見え方しかできない気持ちが実感としてよくわかります。

2011年3月1日は私にとって忘れられない日です。

それまで私はある学習塾で副教室長というポジションで働いていました。生徒数は200名を超え、それを切り盛りする環境で、毎日終電で帰る生活が続きました。そんな状態がしばらく続くうち、私は家に帰っても眠れず、朝ベッドから這い出るのがやっとになっていました。そして3月1日、診察に行った大学病院で「うつ病」と診断されました。

高校時代にはプロ野球選手をめざし、大学時代はパイロットをめざし、そのすべてに挫折しました。目標を失い、うつ病という診断を下されたとき、私には未来について大きな不安しかありませんでした。

さらに、その10日後、東日本大震災が起こります。

「もうダメだ。俺はいったい何をしているのか……」

完全に心が挫けてしまいました。

不安感を抱え、希望もなく、実家でずっと悶々とした日々を過ごしてきたからこそ、アスリートの崖っぷちの気持ちが痛いほど理解できるのです。

弱い負荷しか体験したことのない人間は、強い負荷に耐えられない。「負」に対する免疫を作るためにはどん底を恐れてはいけない。いやむしろどん底をともにすべきだ。（室伏広治）

室伏さんは日本人で初めてハンマー投げでオリンピックメダルを獲得、陸上・投擲《とうてき》種目の金メダルはアジア人史上初の快挙でした。長年競技に携わり数々の栄光を残し、現在では大学の教授もされています。まさに実績と理論を追求しつづける探求者です。そんな輝かしい結果を残してきた陸上界のレジェンドは、どん底をともにすることを望んでいます。

多くの選手はどん底なんて経験したくないものです。しかし、**一流の選手になれば**

なるほど、どん底が与えてくれるメリットを知っているのです。

私が一流アスリートたちの発言を調べて特に強く感じるのが精神的な強さもさておき、「負」に対する捉え方がふつうの人とは違うことです。

たとえば、試合で結果を残せない、うまくいかないとき、だれでも苦しみを感じるものです。だからこそ、どんなに苦しくても前を向く力が求められます。その力が一般的にいわれる「ポジティブシンキング」かもしれません。

では、一流の選手は皆最初からポジティブシンキングができていたのでしょうか？

私はそうは思いません。きっと何かしらの体験を通じてポジティブに振る舞ったほうがトクだと気づいたはずなのです。

その経験をできるチャンスが「どん底」です。その経験こそが「どん底」が与えてくれるメリットなのです。

だからこそ、どん底に行くことを恐れてはいけないのです。むしろ、どん底を歓迎するくらいの気持ちを持てたらいかがでしょう？　その先には成長しか待っていないのです。

ぜひネガティブを受け入れてください。ストレスを受け入れてください。

マイナスの感情を毛嫌いするのではなく、マイナスの感情が伝えてくれるメッセージを上手に受け取る人になってほしいのです。

すべての感情には、あなたを成長させるための意味があるのです。

「退路を断つ勇気が、前に進む力になる」

"たぶんもう1回2回くらいは『あ、オリンピック危ういかも』というくらいのどん底、挫折がきっとあると思いますし、あると覚悟しています。（奥原希望）"

奥原さんはバドミントンシングルスにおいて日本人選手で初めてオリンピックメダ

ルを獲得し、世界選手権では優勝も収めた日本バドミントン界のエースです。彼女は高校時代に2度も膝の手術を経験。どん底を経験しバドミントンを辞めることさえ考えたそうです。それでも不屈の精神力で日本人初の快挙を成し遂げてきました。

そんな奥原さんの言葉で特に目を引くのが「覚悟」です。

覚悟とは一般的には「危険なこと、不利なこと、困難なことを予想して、それを受けとめる心構えをすること」を指します。

しかし、仏語《ふつご》と呼ばれる仏教用語では「迷いを脱し、真理を悟ること」を意味します。つまり、覚悟するということは迷いを断つことでもあります。退路を断つ勇気が人を前に推し進めるのです。

そのために重要なことがあります。「あらゆる負の出来事を想定できるか？」、そして「そのための準備を事前にできるか？」です。

そこで参考にしたいのが飛行機のパイロットの考え方です。

その一つに「覚悟」の決め方があります。

彼らはどんな状況に陥ってもいいように準備を徹底的に行なっているのです。それこそが彼らにとっての覚悟なのです。

私の知人であるYさんはベテランパイロットとして世界中を飛び回っています。飛行機の世界では一度飛び立つとだれも手助けできません。数百人という乗客の命を左右しかねない最終的な判断は機長であるYさんに委ねられています。

いくらおなじ空港を何度も離着陸していても、一つとしておなじ条件はないそうです。だからこそ、どんなに慣れた空港でもつねにさまざまな状況を想定して行動する、と教えてくれました。

飛行機に搭乗するまでの時間でどれだけの情報を集められるか？　そしてその情報をもとにしてのイメージトレーニングをとても大事にしているそうです。

この考え方は、アスリートの世界にも通じるのではないでしょうか？

本当に覚悟ができているアスリートは、よい結果をイメージするとともに、悪い結果についてすら覚悟ができています。

なぜならば、どんな事態も事前にイメージするというのはそういうことなのです。これは自分が負けるシーンを具体的にイメージするということではありません。負けた場合も想定して、その上でその不安を打ち消すために練習という準備に余念がないのです。

完璧な準備ができるとどうなるのか？
陸上の高橋尚子さんがこんな言葉を残しています。

“いや、走れるだけでいいじゃないか。世界の舞台で、自分がいままでやってきたことを全部ぶつけて競《きそ》える。どんなに成績が悪くても、それだけですごく幸せなことなんだ。（高橋尚子）”

陸上競技は競技をスタートする前までにどれだけの練習が積めたかでおおよそのタイムや結果が見えてくるといわれています。私がコーチングしている水泳競技の選手からもおなじような話を聞いたことがあります。それほど練習内容が試合での結果に直結しているのです。

こうしたシビアな世界にもかかわらず、トップアスリートほど「楽しみたい」「ワクワクしたい」という遊びのような感覚を持っています。

私もサポートしている選手の一人から、高橋さんとおなじような言葉を聞いたことがあります。彼女はそのとき、自らがゾーンに入った感覚があった、と話してくれました。

この感覚を感じられるほとんどの選手が、最高の過程を積んできたのだと私は感じます。迷いがなく、自分がやるべきことにつねに集中できているのです。

彼、彼女たちはイメージどおりなのです。

覚悟を決めるとき、それは「どん底」でこそ求められる試練かもしれません。

覚悟が決まり、やることが明確になれば、自然と準備（過程）を大事にでき、迷いを断ち切れるわけです。迷いがなくなることで、よいイメージが浮かび、結果の質は自然と高まります。

だからこそ、どん底のときには、何かを変えようとあがくのではなく、覚悟を決めるチャンスなのだと捉えてほしいのです。

「イメージトレーニングの本質」

人は何かを成し遂げる際には必ずイメージが先です。イメージがなければ現実は訪れません。

無限ですよ、脳は。（本田圭佑）

〝イメージの天才〟といえば本田圭佑さんをおいてほかにいないと思います。ガンバ大阪のユースに昇格できなかった本田さん。それでも星稜高校に進み、名古屋グランパスでプロのキャリアをスタートさせ、オランダ、ロシアと渡り、イタリアの名門ミランに入団。その間、日本代表の主軸として長年活躍されました。

本田さんがイメージについて、こんなことを語っています。

「自分がこうしたいというイメージを作る。まぁ、だれしもふつうにやっていることだと思います。ただ、それを偶然やっている選手と、意図してやっている選手とでは、のちに大きな開きになってくるぞ、ということなんです。メンタルのトレーニングをすれば、いくらでも課題を克服できると思う」

こうした発言をされると、どうしてもメンタルトレーニングに目が行きます。

私が特に注目したいのは「それを偶然にやっている選手と、意図してやっている選手とでは」という部分です。

イメージトレーニングの重要性が知られるようになり、多くのアスリートも取り組むようになりましたが、「試合前だけ」「不調のとき」とか、「たまに」という人が大多数です。本田さんがいう「偶然にやっている」状態です。

せっかく行なうのであれば、継続してやりつづけていただきたいと思います。

具体的なイメトレのやり方ですが、目を閉じて、できる限り具体的なシチュエーションを想像し、自分自身の理想の動きをイメージしてください。そのときの光景や周囲の匂い、音、感触などの五感までをよりリアルに描きます。

イメトレをやる時間に決まりはなく、ストレスにならなければいくらやっても構いません。水泳界のマイケル・フェルプスさんは朝起きてから、練習前、夜寝る前、そして寝てる間さえイメトレをしつづけていたと語っています。巷には多様なやり方が出回っていますが、自分にとって一番心地のいい方法で実践してみてください。

徹底して準備や過程を大切にするからこそ、本田さんの挫折を乗り越える能力は尋常ではないのだと思います。

本田さんの言葉で、私にとって一番衝撃だったのがこの発言です。

怪我はチャンス。（本田圭佑）

中学のとき、怪我のあとのきちんとしたリハビリによって、怪我の前よりもパフォーマンスが向上した本田さん自身の経験にもとづいての発言です。だからこそ、本田さんはロシアで半月板損傷という大怪我にも前向きに向き合えたのです。

私自身、高校時代に腰椎《ようつい》分離症、椎間板ヘルニア、野球肘など、多くの怪我に苦労してきました。

現役時代、怪我はチャンスだなんて到底思えませんでした。だからこそ私は二流以下の現役生活だったのかもしれないと思います。

当時の私は、うまくいかない理由を人や環境のせいにしていたのです。しかし、すべての結果は自分が行なった過程の積み重ねなのです。

「もっとストレッチをしておけばよかった」「もっと体幹トレーニングをしておけばよかった」……もっと、もっと、もっと、と過去を真剣に悔やみました。戻ってこない時間を、今でも取り戻したいとさえ思います。アスリートであった時間は本当に幸せだったと心から思えるからです。

よい過程を積み重ねられなかったから結果を残せなかった……そう思えるまでに長い年月を過ごしてきました。

急ごうと思ったときこそ、勇気を持って遠回りとなるかもしれない行動を大事にできるか？

自分の人生にとってマイナスに見える物事をいかにチャンスだと思えるか？

私自身がうつ病から復活し、今ではアスリートのメンタル面をサポートする立場にまでなれました。私が乗り越えられて、皆さんが乗り越えられない試練などないと思っています。

だからこそ、おなじような苦しい思いをしているアスリートのために、スポーツメンタルコーチとして少しでも貢献ができればと思っているのです。

挫折の乗り越え方

挫折を乗り越えるときに考えてほしいのが物事の捉え方です。

なぜ本田選手は怪我をチャンスといえるのか？　一流選手ほど、挫折を挫折と捉えないのはなぜか？　ふつうの人にとってはとても不思議だと思います。

そこで理解したいのがリフレーミングという心理学の考え方です。

コップの半ばあたりまで注がれた水を見て、あなたは水の量がどれくらい入っていると表現しますか？

「もう半分しかない」と答えるか？　「まだ半分もある」と答えるか？

その違いだけでも物事の受け取り方に違いがあるのがわかります。

また、あなたがグラウンドの選手だとして、次のページに掲載する監督の表情を見

監督の表情

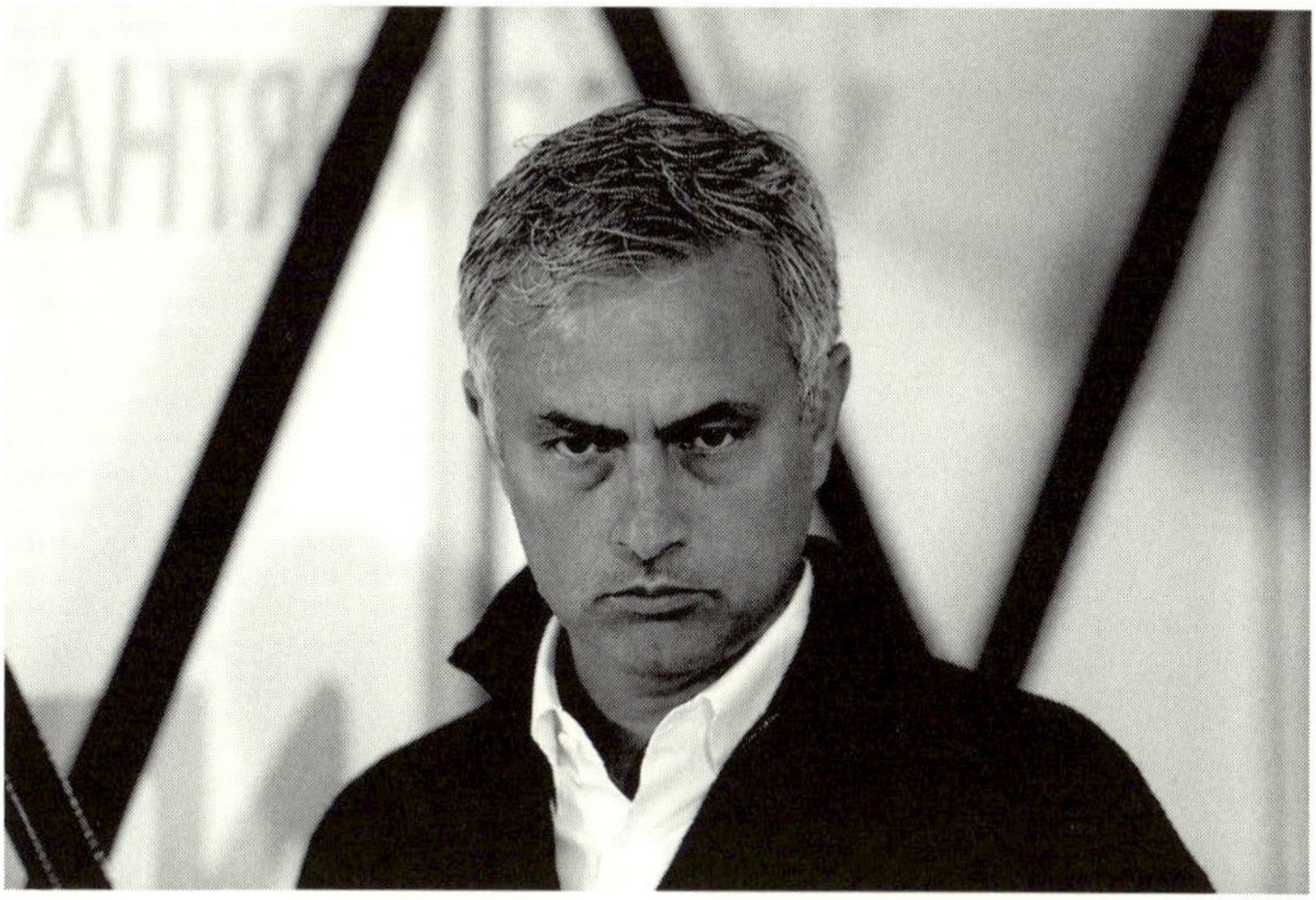

©PA Photos/amanaimages

ベンチの監督は……
怒っている？
考えごとをしている？

てどう思いますか？

「怒っている」と思いますか？　「考えごとをしている」と思いますか？

それでは最後に、78ページに掲載した2つの写真はどうでしょうか？

ページをめくってパッと見たときには、きっと左側の写真が怒っている表情で、右側の写真がふつうの顔に見えるのではないでしょうか。

ところが、この写真を手元からどんどん離していってみてください。ある程度離れた段階で、きっと逆転現象が起き、怒った顔はふつうに、ふつうの顔が怒って見えるはずです。

このように人の捉え方にはつねに錯覚が起きています。そして、自分自身がどのように捉えるかで物事の感じ方は変わっていきます。

そうやって考えることができれば、**この世の中にあるネガティブとかポジティブとか区分けされる出来事も、すべて成長の機会と解釈することもできます。**

さらに、ここからが私が一番お伝えしたいことです。

そもそも、ネガティブな感情を悪いものだと決めつけたのはだれでしょうか？

多くの方がネガティブなものはダメなもの、不要なものだと思いがちです。

怒った顔と、ふつうの顔

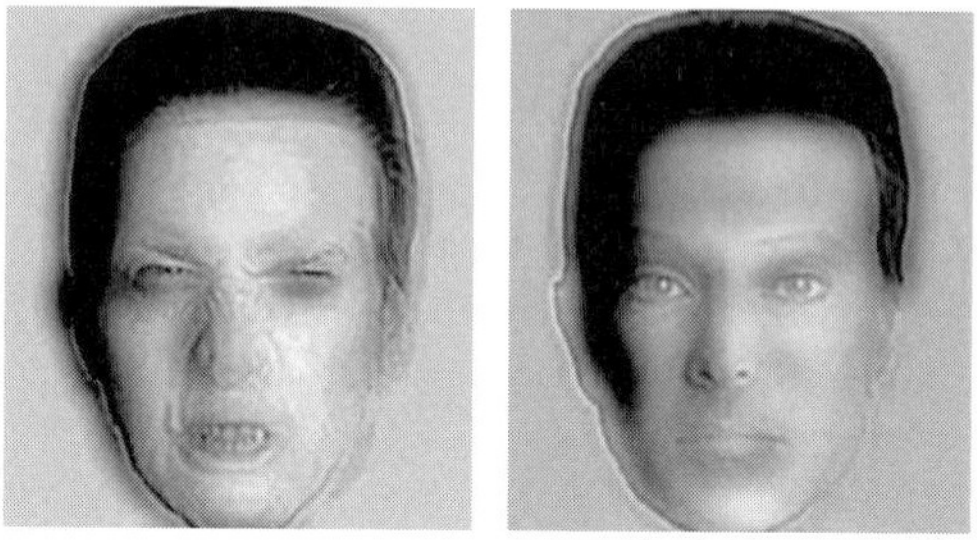

手元から離していって
見てみると……

しかし、捉え方を変えることで、ネガティブな思いや出来事から何かしらの気づきを得られることがあるのです。

ネガティブな出来事を自分の成長に必要なものだと捉えるようになれば、自分の気持ちをコントロールしやすくなります。

だれに教わったわけでもなく、自分自身が無意識にネガティブをダメなモノだと思い込んでいた人が多いと思います。

だからこそ、怪我はチャンスと言い切れる本田さんは本当にすごいのです。

挫けそうになったとき、目の前の出来事をどう捉えるか？　どう見るか？　そして、どう自分の成長にどうつなげるか？　ポイントはここにあるのです。

「勝つことより大切なもの」

そもそも挫けるのは、どんなときなのでしょうか？

「挫ける」とは勢いや意欲がそがれることです。勢いよく山を登って行ったときに、途中で難所を見つけると突如疲れがやってくるようなイメージでしょう。歩けども歩けどもいつまでたっても、山頂との距離は近づかない。疲れとともに気持ちもくたびれて途方に暮れる……それが挫けそうな瞬間なのです。

プロ野球選手をめざしたある少年の話です。

小学校4年生にしてすでにチーム内でも一、二番目を争う身長の高さ。高身長から繰り出されるボールには威力があり、ほとんどの選手がまともに打てません。打席では長打を連発。「自分は間違いなくプロ野球選手になれる！」と自信満々で野球の強豪中学に進むと、そこには自分よりもすごい選手がゴロゴロいました。

今まで当たり前のように試合に出て結果を残していたにもかかわらず、中学では活躍の場を奪われ、控えに甘んじるようになります。彼は野球を始めて以来、初めて挫折を経験しました。

自信を喪失し、野球への意欲自体を失いました。

こんな悩みを抱えている選手は意外と多いのではないかと思います。

環境が変わったときや、周囲と自分のレベルの違いを痛感したときなどに挫けそうな気持ちを抱きやすいものです。

「このままではいけない……」

結果を求めつづけてきたからこそ、結果を出せない日々は自分の燃えたぎっていた目標や夢への情熱を奪っていくものです。

そして、今までの努力を否定されたように思え、目標や夢を見失いやすい心理状態に追い込まれるのです。

だからこそ、その灯火を消さないためにも勝ちつづけることが大事だと思い込んでいる選手が多いのではないかと思います。私自身もそれは否定しません。

しかし、それは勝ちつづけられる選手だけが得られる感情です。

甲子園ですら最後に勝ち残るのはたったの一校です。それはほかの競技でも一緒です。

ある選手が、別の考え方を示してくれています。

”

どんな戦いでも、勝てば100点という選手もいるでしょう。私自身もアテネ、北京オリンピックまではそうでした。でも、今は

勝つことがいいとは思いません。（伊調馨）

伊調さんは女子レスリング界では吉田沙保里さんのオリンピック3連覇を超える4連覇を達成した方です。さらには連勝記録を189まで延ばすなどの実績は「勝つこと」に徹底的にこだわったからこそのものだと思われがちです。

そんな伊調さんが「勝つことがいいとは思いません」とは……。

この発言に、皆さんはどんな印象をお持ちになりましたか？

私は以前から、数多くの選手をコーチングする中で、本当に強くなる選手とは他人との戦い以上に自分との闘いを大事にできている人だと感じていました。

あるインタビューで伊調さんは、「自身の成長や進化を感じられて幸せ」とはっきりと語っています。

それだけに伊調さんの言葉に出合ったとき、私はこれまでの経験が裏付けられたような気持ちになったものです。

競技を続ける上で勝つことを一番大切なことにするのか？　それとも勝つことをめ

ざす過程を大切にするのか？　この違いを明確に理解できている人は本当に強くなるはずです。

何のために競技をするのか？

アスリートの中には、とにかく競技が大好きで指導者が止めない限り、練習しつづける選手がいます。

ほとんどの人はそういった選手を見ると「努力の天才」と解釈するのではないでしょうか。

しかし、私も実際にそうした選手と触れ合ってみると、彼らはそれを努力だと思っていないことがあるのです。自分自身が好きなことを夢中になって一生懸命やっているのだと話してくれます。

努力は夢中に勝てない。（為末大）

為末さんが言うとおり、努力は夢中に勝てません。

「夢中」という状態は子どもが初めて競技をし始めた状態そのものです。好きなことをやりつづけるのに理由なんて必要ありません。自分がしたいから、するのです。自分の内側から湧きあがってくるような気持ちですね。

この「夢中」という感覚は、「勝ちたい」とか「結果を残したい」という感覚以上に大事なものだと私は考えます。

結果を強く意識することで結果が残せるなら、だれもが結果を残せるものです。

しかし、結果を強く意識しすぎることは現実的には結果に囚われ自分自身を見失い、ともすると競技をする理由を見失う原因にもなります。

だからこそ、**初めて競技を始めたあのときのワクワクした、心から楽しむような感情に立ち返ることが大切**なのかもしれません。

初めて競技をしたときに感じる、ワクワクするような状態の動機を「内発的動機付け」といいます。

では、どうして大人になるとこの夢中という感覚が消えるのでしょうか？

その理由の一つに、甘い誘惑を知ることがあげられます。

周りの大人からの賞賛の言葉、あるいはもっと具体的にプレゼントだったり、お小遣いだったりが与えられることもあります。

これにより、初めは自分の内側から湧きあがってくる「競技をやりたいという気持ち」（＝内発的動機付け）で動いていたものが、徐々に他人からの賞賛やお金やプレゼントといった、外発的動機付けに取って代わられてしまうのです。

このような内発的動機がいつのまにか外発的動機にすり変わることを「アンダーマイニング効果」といいます。

やりたくてたまらないと思っていた出来事も、結果が出始めることでこの気持ちが徐々に薄れていきます。

当初、時間すら忘れるくらい競技に夢中になり、心から「やりたい！」と思っていた選手が次第に「やらされている」という感覚になっていった事例を見てきました。

多いのが、本人以上に親が熱心で結果を気にするような場合です。「楽しい」という感覚が薄れていったあと、次第に芽生えてくるのが「プライド」です。

そもそもプライドってなんだと思いますか？

プライドと聞くと何かカッコいい感じがすることもあれば、逆に「プライド高すぎ」など人を揶揄《やゆ》する表現でも使われます。

語源をたどると、もともとはフランス人が自分たちのことを指して「プライド＝誇り」といっていたのを、この言葉がイギリスに伝わる過程でイギリス人が「プライド＝思い上がり、高慢」などと解釈した、という説があります。

プライドには大きく2種類の意味があります。

一つはネガティブプライド、もう一つがポジティブプライドです。

ポジティブプライドは自尊心や誇り、自信などのことです。これに対してネガティブプライドは傲慢《ごうまん》や自慢、自惚《うぬぼ》れなどが挙げられます。

成長を止めてしまうのが、このネガティブプライドの自惚れ、つまり過信です。

「自分には能力がある」と思いすぎる選手の多くが非常に視野が狭い世界で生きています。

小学校では活躍しながらも中学校のレベルに萎縮してしまった選手の例を前述しました。じつはこの選手とは私のことなのです。

何か新しいことに挑戦する上で、自惚れるくらいがちょうどよいなどといわれます。しかし、努力していく過程で成長した自分に自惚れるのであればまだしも、**結果や他人からの評価によってできあがった自惚れには注意が必要**です。

そういった経験でできあがった「よい評価」を崩すのが怖くなるからです。結果による評価で生まれるのは「よい結果＝自分」という像です。この自己像を崩さないために、無意識にしてしまうことがあります。

それが「自分の評価を落とさないための行動」であり、それはそのまま「チャレンジしない」ことにつながっていきます。中学で挫折した私自身がまさにそうだったのですが、自惚れや過信している人ほど失敗を恐れる傾向にあります。

私がコーチングした選手の中に、高校日本一に輝いたバドミントン選手がいます。彼は大人になってから私のもとにコーチングを受けにきて、「成長が伸び悩んでいて、思うように結果が出せない。競技者生活は今年で最後にしようかと思っている」と話してくれました。こういった過去に輝かしい過去を持つ選手ほど、伸び悩んだときに行き詰まります。

彼にこんな質問をしました。

「昔、どんな褒められ方をしましたか？」

すると、案の定、「天才」「才能がある」と結果だけを褒められつづけた過去を話してくれました。「よい評価＝自分」が当たり前になっていたのです。

彼はこの自己像を崩さないために勝ちつづける必要がありました。

しかし、思ったとおりに結果が出ない日々。それまでは「よい評価＝自分」であったのが、結果が出なくなったことで自分自身を否定されたような気持ちになったといいます。次第に、試合を休むことが増え、怪我も増えました。それでもなお、彼は今までとおなじやり方を変えることができませんでした。

コーチングにあたり、私がまず彼に伝えたことは、結果を見るのではなく、過程を見ることの重要性でした。勝ちつづけることよりも、自分をどう成長させていくのかに焦点を置いたのです。さらに2つのプライドの種類を伝え、ネガティブプライドを捨て去ってもらいました。

私とのコーチングを通して、彼はチャレンジを恐れず、失敗を失敗と思わず、努力しつづけられる人に変化しました。大学を卒業し、活躍の場を実業団に移した現在でも必死に競技者として頑張っています。

彼に限った話ではありませんが、どうしても結果を出したいとか、失敗が嫌だなどと思うと、チャレンジ精神が芽生えにくくなります。失敗することで自分のプライドが傷つくくらいなら、簡単な道を選ぶようになるのです。

しかし、簡単な道に待っているものは衰退です。

挫けそうなときだからこそ失敗を恐れずに前に進むしかありません。

しかし、前に進もうとする意志を阻《はば》むものがあります。それが完璧主義です。

私のもとに来る選手の多くがこの完璧主義に苦しんでいます。完璧があるようにみえて完璧などない……完璧の幻想に陥って苦しんでいるのです。

実際に多くのアスリートが監督やコーチ、さらには親などの周囲から、完璧をめざせと言われてきた経験があると思います。

しかし、完璧など存在しないのです。それを追い求めつづけるよりも、成長することを大事にしてほしいのです。

完璧なんて言葉はないと思っています。失敗しては課題が見つかる。その課題に出合った時、よし、やってみるぞという楽しい気持ちになれます。（松井稼頭央）

松井稼頭央さんはプロ野球選手として数々の記録を残してきました。アメリカのメジャーでも活躍し、43歳まで現役を続けた、野球界では超一流の選手です。

松井さんは完璧はないと言い切ります。そんな松井さんが大事にしているのが失敗なのです。失敗することで初めて課題が見つかります。課題が見つかれば努力の方向性がより的確になります。

だからこそ、失敗とは成長のチャンスなのです。

一方、失敗することを嫌がる選手は、失敗しないために闇雲な努力をしがちです。

自分自身の能力を過信するから失敗が怖くなり、失敗を避けたいと思うから身の丈以上の努力をする……。しまいには「こんなに努力しているのにどうして結果が出ないのか」と悲観的になってしまいます。この状態も挫折の一種でしょう。

気づかなくてはいけないのは、自分自身で挫折を作り出していないか、ということです。**努力の仕方をしっかりと見直すことで防げる挫折は多いのです。**

松井さんの言葉は、挫折を乗り越え、楽しむこと、成長することの素晴らしさを教えてくれています。

楽しみながら、自分を知る

アスリートの皆さんにお伝えしているのが、自分自身を正しく知る努力の大切さです。

そのために取り入れたい、ちょっと変わった考え方があります。

自分で自分を見るのではなく、相手を通して自分を見ることによって課題がみつかるのではないかと思っています。（羽生結弦）

スケート界の貴公子こと羽生さんはソチオリンピック、平昌オリンピックの2大会連続で金メダルを獲得、世界歴代最高得点の歴史的記録保持者です。

完璧な演技が多くの人を魅了する羽生さんですら、他人の存在を意識することがありました。それが、ライバル関係として一時メディアを賑わせたパトリック・チャン選手です。

彼の演技を見てしまい、それにより自分の演技がめちゃくちゃになったとも振り返っています。

しかし、そうした出来事を「結果を出す時期ではなかった」と語っているのです。さらには「そういう時期がけっこう必要だと思うんです」とすら言います。

1章で、自分のことに集中することが何よりも大事であること、さらに他人をライバル視するよりも自分自身をライバルだと考えることの必要性をお伝えしました。

本当のトップレベルの選手はライバルの視点をも利用し、「他人（ライバル）の目から自分はどのように見えるのか？」を想像することで、自分が今何をすべきなのか、どんな努力が必要なのか、を冷静に見ているのです。

ふつうの人ではできないと思いがちですが、たとえばこう考えてみたらいかがでしょうか？

「他人の気になる箇所が自分の伸びしろ」

たとえば、野球部のチーム内に守備が上手な選手がいたとします。ポジションがおなじだったりすると、ライバルの存在が気になるのが当然です。しかもそのライバルが後輩だったりしたら心中穏やかではないですよね。

そんなときに、その選手の守備のうまさを羨むのではなく、その選手と自分との差を自分の伸びしろであると考えたらいかがでしょうか？

こうすることで、過剰なまでのライバル視から、自己の成長に目を向けられます。

隣の芝生は青いといいますが、隣の芝生を眺めているだけなのは自分にとってストレスの火種でしかありません。コントロールできないことをコントロールしようとするのはストレスなのです。

あの人にできることを見つめて悔しがるよりも、あの人の存在は自分の伸びしろを把握するための無意識のメッセージだと思ってほしいのです。

その上でさらに、本当にその能力が欲しいのか、を考えてみましょう。それは、自分が進みたいと思う選手像はどんなものかを考えることにつながります。自分が進むべき道を再確認するチャンスでもあるのです。

「sports（スポーツ）」の語源をご存じですか？

sportsという英語の語源はラテン語の「deportare」から来ています。日々の生活から離れること、すなわち気晴らしをする、休養する、楽しむ、遊ぶなどを意味します。

スポーツとは、本来「遊ぶこと」なのです。

挫折を味わい、苦しむときほど、完璧さを追求しすぎたり、勝負にこだわりすぎたりするものです。

そういう時期だからこそ、スポーツの本来意味するところに立ち返り、あえて思いっきり楽しんでほしいのです。つらい出来事すら、遊びの一環くらいの気持ちで味わってほしいなと思っています。この感覚こそが内発的動機の素晴らしさなのです。

本当に楽しいのは、やはり自分自身の限界との戦いだ。（室屋義秀）

2002年に競技志向型（エアロバティックス）エアショーチームのメインパイロットとして活動を開始。2009年からはレッドブル・エアレース・ワールドチャンピオンシップにアジア人として初めて参加、ついに2017年、年間総合優勝に輝いたのが室屋義秀さんです。

日本人のだれもが足を踏み入れられなかった領域で頂点をめざす室屋さんは、エアロバティックパイロットとして活躍するまでにさまざまな挫折を味わっています。

当初は自前の飛行機を買うために3000万円を借金。買ったはいいものの飛行機を飛ばす燃料すらない状態も経験したそうです。

だれも経験したことがないことを始めるには勇気と覚悟が求められます。

しかし、そうだからこそ楽しいと室屋さんは語ります。

室屋さんの言葉は「なぜエアレースをしているんですか？」という問いに対しての答えです。

競技そのものはもちろん、本質的には自分との闘いを楽しんでいるのです。まさにスポーツの語源に立ち返るかのような言葉ではないでしょうか。

限界に向き合って乗り越えた先に、さらに高度な課題が出てくるのです。その繰り返しに飽きないのでしょうね。

「今すぐワクワクしよう」

脳はワクワクすることに対して素直です。ワクワクすることは、脳が勝手に繰り返しやりたいと思うものです。

”

「私は生れながら勝つための異常性を持っていたのではなく、勝った

めに「異常性」を備えたと思っている。異常にならないと世界のトップ、日本のテッペンには行けない。（水谷隼）

卓球の全日本男子シングルスで10度のチャンピオンに輝き、リオオリンピックでは日本人初となるシングルメダリストとなった水谷さんの言葉です。

水谷さんが言うのは「異常であることの重要性」です。

ふつうの人とおなじではいけないのです。現実的になりすぎて自分の目標を下げないでほしいのです。

かつて、あるサッカー選手が私のコーチングを受けにやって来てくれました。

彼はJリーグの舞台で長年活躍した選手でした。ベテランと呼ばれる年齢に差しかかり、フォワードとして点をとることに対して限界を感じていました。

私とのコーチングの中で、目標を問いかけたところ、自信なさげにこう話したのです。

「今年は5ゴールくらいでいいかな……」

私は一瞬にして彼の真意を見抜きました。

「本当に、5ゴールでワクワクしますか？」

そんなふうに問いかけたところ、彼の目の色が変わりました。

しばらく沈黙したあとで、何か吹っ切れたような表情でうなずきました。

「やっぱり20ゴールをめざしたいですね」

彼が本当に叶えたいのは20ゴールだったのです。しかし、年齢的な衰えを理由に、勝手に限界を作ってしまい、5ゴールという目標を設定してしまったのです。


❝中学校で日本一になったとき、一人だけ泣かなかった。ここで勝つことを目指しているんじゃない、という気持ちがあった。流れない涙は、オリンピックという大きな夢のせいだった。❞（上野由岐子）

ソフトボール界のレジェンドとして多くの名場面を生み出してきた上野さん。北京オリピックでは「上野の413球」という伝説の3連投で金メダルに導きました。オリンピックに人一番思いが強いであろう上野さんの中学時代を語るこの言葉には目標設定の極意を感じます。

縁日の金魚すくいで使う、円形のプラスチックに薄い和紙が貼られた「ポイ」という道具があります。私がこれをあなたの目の前に掲げて、次のように言ったとします。

「指一本で穴を開けてください」

多くの方が簡単に穴を開けられるはずです。そこで、私は続けてこう聞きます。

「穴を開けるとき、あなたはどこに目標を置きましたか？」

ほとんどの人がポイの真ん中あたりを指で示します。

しかし、無意識ではそんなところを目標にしていません。

紙の表面ではなく、そのもっと先に目標を置かないと、薄い和紙にさえ穴を開けるのは無理なのです。

じつはこの仕組みは空手の板割りとおなじ原理です。初めて板割りをする人がなかなか割れないのは、目標設定に誤りがあるからです。初心者は板そのものを目標にしてしまうのに対し、多くの空手家は板の先を目標にしています。だからあっけなく板が割れるのです。

目標設定のポイントはここにあります。

現状のできそうな目標設定よりも、少し先を目標にすることが重要なのです。

スポーツ科学では自分の限界を100として、110くらいの目標設定がいいといわれますが、私がクライアントに聞くときに大切にしているのは「ワクワク度」です。

私は必ず「この目標で、心からワクワクしますか?」「ワクワクの気持ちは10点満点中何点ですか?」と聞きます。

その答え方で、その目標が偽りのものか、本気のものかが一発でわかります。

前述したJリーガーは、それ以降自分の気持ちに素直になり、その年の日本人として最高得点を記録し、さらにはキャリアハイも記録しました。

彼が当初なぜ5ゴールと言ったのか? それはいまだに聞いていません。

本当に叶えたいことは限界だと錯覚している先にあるのです。それを彼は身をもって証明してくれました。

私は声を大にして伝えたいのです。**挫折したと思っても、限界だと思っても、それ**

はその先に続くさらにすごい世界の入り口でしかありません。本当の楽しさは、限界という壁を突破することにこそ存在します。

だからこそ、もしあなたが挫折したり限界を感じて苦しんでいるのなら、自分にこう問いかけてください。

「夢を叶えた自分は、今までの挫折をどう語りますか？」

何事もない平穏で単調な映画にだれも魅力を感じないように、挫折とはあなただけにしか描けない筋書きのない映画のワンシーンなのです。

このワンシーンがあることによって、映画の出来栄えがグッと引き締まるのです。

そんなふうに挫折を受け入れて前を向いてください。挫折こそが、あなたにとって最高のサプリメントに変わるのですから。

Chapter 3

生まれ変わるための言葉

Demon &
Transformation

目標設定で生まれ変わる

世界最高の選手として賞賛止まないクリスティアーノ・ロナウドさんはポルトガルのマデイラ島出身です。ポルトガルの端っこの小さな島から世界有数のサッカー選手が誕生したのです。満足な環境でなくとも、ストリートサッカーで鍛えた技術により、彼はだれも真似できない能力を持つ選手になりました。

素晴らしい夢を描く権利は、だれにでも平等に与えられています。

たとえ環境面で劣っていたとしても夢が叶わない理由はないのです。それはクリスティアーノ・ロナウドさんを見ればわかります。

だからこそ、皆さんには夢を大切に持ちつづけてほしいと思っています。夢を見る力は、だれにでも備わっているものです。

あなたというダイヤの原石を輝かせるにはたいへんな努力が必要になりますが、そのための土台はこの夢という目標を大事にできるかどうかなのです。それこそが本章のテーマです。

僕がサッカーを始めた頃からの目標はプロになるだけでなくスター選手になり常に最高の選手であろうと努めることだ。（クリスティアーノ・ロナウド）

まず私がお伝えしたいことが「目標」について、です。目標設定次第で、あなたが自分自身を変えていけると信じているからです。

私が行なっているのはメンタルトレーニングではなく、メンタルコーチングです。「心を鍛える」という意味で私のことをメンタルトレーナーと思っている方も多いのですが、メンタルコーチとして私は常々、**心は鍛えるものではなく、育てていくもの**だと思っています。筋トレとおなじような感覚でメンタルを捉えてほしくないのです。

どちらかというと、私は心との正しい向き合い方を重視しています。鍛えるのではなく、植物を育てるかのように労《いたわ》ってほしく、メンタルコーチという肩書きを使っています。

コーチングとはもともと馬車という言葉が転じたもので、人や物を目標に導くコミュニケーション方法として広く一般に伝わっています。

コーチングでは目標設定が基本になってきます。ですから私はロナウドさんの幼少期の目標の立て方を聞いたときに痺《しび》れたのです。

なぜなら、この言葉から読み取れるのは**「結果」ではなく、「結果にふさわしい人間性」へのアプローチ**だからです。

目標には3種類あります。

having と doing と being です。

一般的には having と呼ばれる行動を通じて得た結果を目標として設定する人が圧倒的に多いです。オリンピックで金メダルをとる、プロ野球選手になる、日本記録を出す、プロになって1000万円稼ぐ……などなど。

それが悪いとは思いませんが、それだけは不十分なのです。

目標はあくまでも目標でしかないからです。特にアスリートのように刻々と対戦相

3つの目標の種類

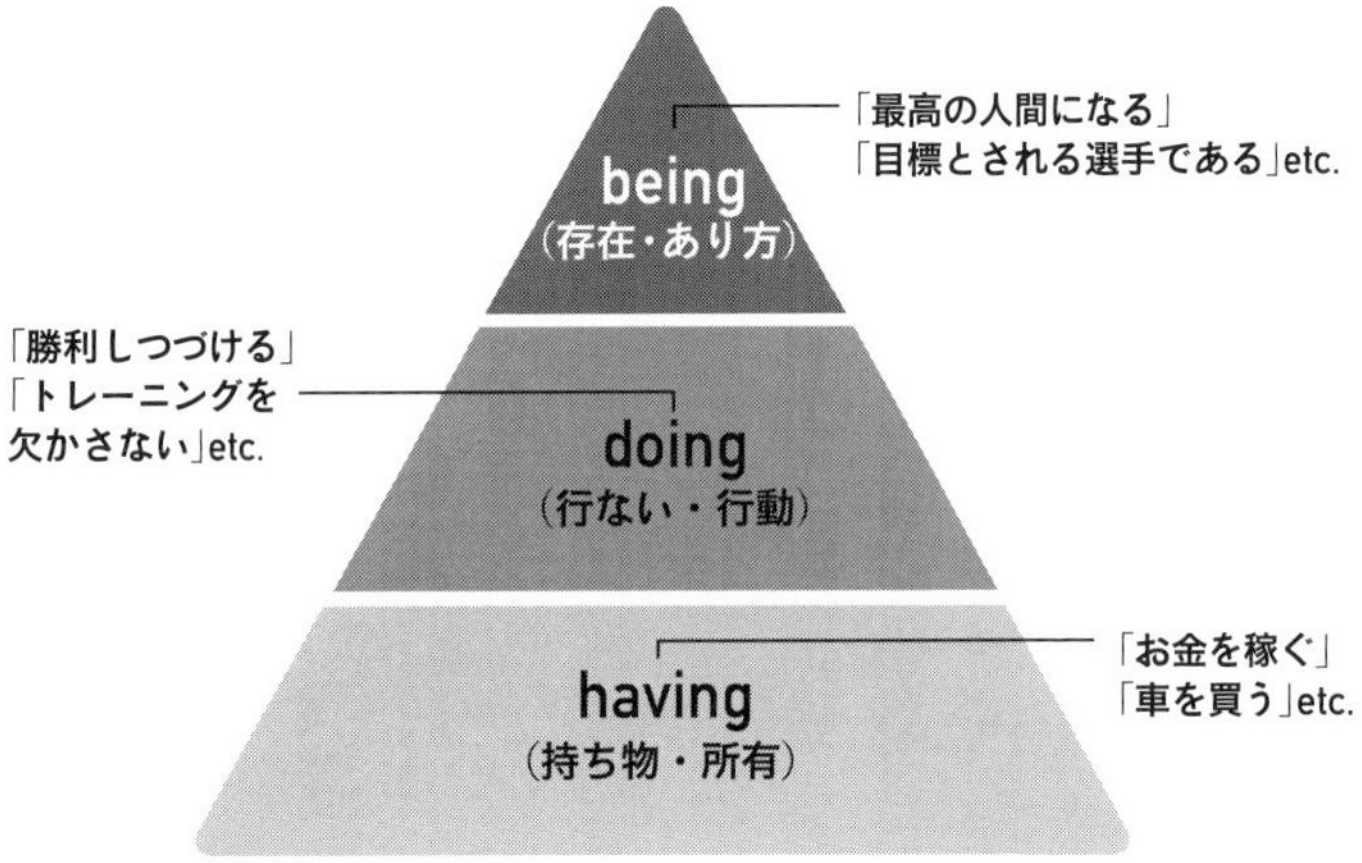
「最高の人間になる」
「目標とされる選手である」etc.
being
（存在・あり方）
「勝利しつづける」
「トレーニングを欠かさない」etc.
doing
（行ない・行動）
「お金を稼ぐ」
「車を買う」etc.
having
（持ち物・所有）

手や環境が変化していく中で目標設定はつねにアップデートしつづけることが大事になります。それを「目標のリ・セット」といいます。

自分自身が成長するたびに、目標を見直し、つねに目標を修正しつづけることをいいます。少なくとも1カ月おきに目標を確認し、見直す機会を作ることが大事です。

多くの選手が目標を設定しただけで満足して終わります。あるいは、そんなことをする暇すらなく、日々のトレーニングや生活に忙殺される選手もいます。

本当に大事になるのは、**目標をつねにチェックしつづけること、現状に沿ってつねに目標を作り変えること**です。

having の目標設定ではめざすべきところに行き着かない選手に対して、私はいつも being がもっとも大事だと伝えています。

つまり、結果にふさわしいメンタルやあり方を考えることです。

クリスティアーノ・ロナウドさんにとっての being が、「つねに最高の選手であろうと努めること」という言葉から垣間みれるのです。

活躍する人と何かが足りない人の違いは、こうした目標の立て方にも現れます。

もうひとつ、おなじようなことを伝えてくれる言葉があります。

人間として成長しなければ、世界一のサイドバックになれるわけがない。（長友佑都）

サッカー日本代表の不動の左サイドバックとして長らく活躍している長友さん。中学時代は何度も部活をサボりながらも恩師との出会いで人生の歯車が変わっていきます。さらに大学に進み、腰の怪我で挫折しそうになりながらもトレーナーとの出会いで人生が激変したといいます。

精神的に腐ったりしながらもヨーロッパリーグの最高峰でのプレイに行き着くには必ず理由があるわけです。それがこの人間性重視発言から読み取れ、私はとても強く感銘を受けました。私自身も、結果にふさわしいメンタルを手に入れることができれば、結果は自然とついてくると思っているからです。

そして、結果は努力して手に入れた感覚ではなく、気づいたら手に入っていた感覚に近いはずです。

結果は必然と思えるくらいのメンタルを手に入れることができれば結果に左右されることはなくなります。

いつも慌てている（平常心ではない）人＝結果にふさわしいでしょうか？

いつも冷静な人＝結果にふさわしいでしょうか？

結果を出そう出そうと思っていても、それにともなったメンタルを備えていなければ結果は生まれません。結果を受け止めるのにふさわしい心の器がなければ、結果を受け止めることはできないのです。

結果を生み出すためにも、まずは結果にふさわしいメンタルを大事にしてみてはいかがでしょうか？

結果を追い求めることよりも、結果にふさわしいメンタルをつねに意識しつづけることが大切なのです。

どうすれば成長しやすくなるのか？

長友さんの言葉をもう一つ紹介させてください。

自分のことよりも人のことを考えられるくらいの心の余裕をもてたなら、プレーの質は変わってくるはずだ。（長友佑都）

スポーツの世界では周りの選手の存在は仲間であると同時にライバルでもあります。だからこそスポーツの世界は過酷な競争社会と思われがちですが、活躍していく選手ほど競争心を超越したメンタルを持っています。利他《りた》の気持ちです。

長友さんはインテルでプレイしていた際、南米やアフリカの選手たちが慈善活動に積極的に活動している姿を見て、「他人のために行動している選手は心の器が広く、何事にも動じない精神力が育まれ、それがプレイの質にもつながっている」と語っています。

自分のことよりも他人のことを考えるということはつまり、相手の利益を考え行動できる人です。

長友さんは、サッカーという競技においてもそうした利他の精神が巡り巡って自分の成長につながることを実感したのでしょう。

タイガー・ウッズさんは、ライバルがパターを入れれば自分の負けが決まるシーンで、「入れ！」と願うそうです。負けたら終わりなのに、ふつうは「入れ！」なんて思えません。

私はこの逸話を耳にしたとき、彼はやはりトップレベルの選手なのだと思いました。勝つことよりも、よりハイレベルな戦いをすることが、彼にとっての理想の姿だったのかもしれません。

日本では競争を煽る指導を受けてきた選手がほとんどです。その結果、勝ちや負けに一喜一憂を繰り返しながら、成長していくものだと思っている選手が多くいます。

しかし、32ページのエイムズの実験でもお伝えしたとおり、競争によって生まれるのは過信だということを知ってほしいのです。

瞬間的な結果を求めるのであれば、それでいいのかもしれません。

しかし、つねに競争相手を見つけて競いつづける人生は大変なものではないでしょうか。競争相手がいなくなった瞬間に燃え尽きてしまうことも考えられます。

だからこそ、アスリートが短期的な競技での活躍だけでなく、長い人生で成功をめざすのであれば、他者との競争を超越した利他の気持ちを大切にしてもらいたいと思います。

うまくいかない選手ほど自分事でいっぱいいっぱいです。

そんな状況だからこそ、自分のために行動することから周りの人のためになる行動を取ることに切り替えてほしいのです。

私が考える利他は自分のためです。他人のために行動することが巡り巡って最終的に自分のためになるのです。

アメリカ国立訓練研究所が発表したラーニングピラミッドという考え方があります。

これはいろいろな学習方法と、学習の平均定着率の関係を明らかにしたものです。

アメリカ国立訓練研究所が発表した「ラーニングピラミッド」

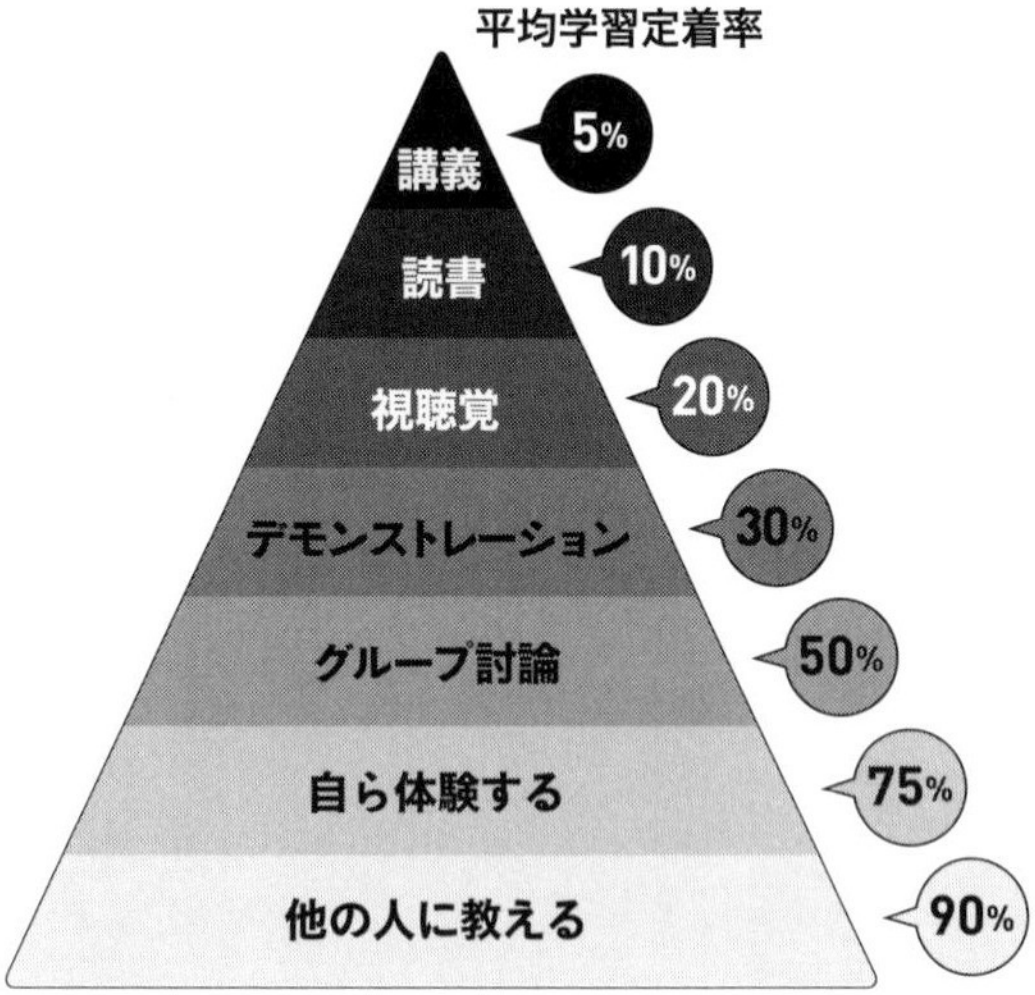

右ページのイラストをご覧ください。他者の関わりが必要で、主体性・能動性が求められる行為ほど学習の定着率が高くなっているのが一目瞭然です。他人のための行動、つまり人に教えるなどの行為が学習の定着率を高めています。裏を返せば、受動的でありつづければ、学習は定着しにくいということです。

たとえば、この本を読み、本書の知識をもっとも効果的に吸収するにはどうしたらいいでしょうか？

人に伝えることです。それがすなわち利他の心にも結びついてくるものと私は考えています。

伝える過程で、他人にうまく伝えられていないといった気づきもとても重要です。伝えられないということは、自分にとって腑に落ちていない、もしくは学びきれていない証拠です。こうしたことからも、人に教える行為は人のためだけではなく、結局は自分のためのものなのです。

自分の人生を生きる

ソチオリンピック・スノーボード女子パラレル大回転で銀メダルを獲得した竹内智香さんは世界との差を埋めるために海外で武者修行をした経験からこんな言葉を残しています。

私は、自分のためです。自分の人生だから。（竹内智香）

日本はこういった言動をする人を自分勝手などと評する傾向があります。島国だから、協調性を持って取り組むことが大事だなんていわれています。

確かに協調性やチームワークは日本人のよさでしょう。しかし、それによって個人の気持ちを抑えつける状態が続けば、いつまで経っても世界との差は縮まりません。

自分を殺して周囲にあわせる必要はありません。竹内さんが言うように、あなたの競技生活であり、あなたの人生なのです。大事なのは周囲を見ることではなく、自分のやるべきことに意識を向けることです。

そして、自分のやるべきことが果たせれば、結果的にチームの中でもあなたは機能するはずです。これは結果よりも過程を重視するということにもつながります。

結果を意識するのは当たり前。結果を強く意識しているからこそ、結果を口にする必要はないくらい「今」に集中していることが重要なのです。

そこで伝えたい言葉があります。

頑張るのは当たり前であえて口に出して言うことではなく、その上で何ができるのかを考え実行するのがプロでしょ。（中田英寿）

18歳からサッカー日本代表を牽引し、若くしてイタリア・セリアAのチームに移籍。海外移籍の道を切り開いたパイオニアとして活躍した中田英寿さん。現在では日本の伝統や文化などを海外に発信する活動のために尽力されています。

この言葉をチョイスしたのは、本当の「頑張り」とは何か、を伝えたいからです。私のコーチングを受けてくれた中に、こんな野球選手がいました。

彼は最初のコーチングで、チーム内のだれよりも長く練習し、一番最後に帰ることを徹底していると話してくれました。

私は、その行為自体が悪いとは思いませんでしたから、うなずいて話を聞いていました。ところが「なんのためにそれをしているのか？」という問いに対しての、彼の答えに愕然としました。

「まず監督やコーチに評価されないと試合に出ることができません。だから、彼らにアピールするため、人よりも長く練習しているのです」

彼も最初は結果を出すために練習をしていたそうです。それがだんだんと試合で使ってもらうために「俺は努力しています」とアピールするようになっていったそうです。

どうしてそんなことをしているのかと尋ねると、指導者は長く練習することの重要性を説くのだといいます。つまり、「長く練習する＝評価の対象」だと受け取ったのです。アピールすることは大事ですが、成長するための努力以上にアピールすることを優先しすぎて競技を続ける上でもっとも大切なことを見失っては元も子もありません。

こういった誤った思い込みは、努力の方向性を間違えてしまいます。長く練習してもいいと思いますが、目的が伴わない練習は効果がないのです。

たとえば、トレーニングする際、ただスクワットするのと、それによりどんな筋肉が動いているのかをイメージしながらスクワットするのとでは、筋肉のつき方が全然変わることが科学的な実験で証明されています。

目的をしっかりと明確にしながらする努力とそうでない努力では、まったく効果が変わってくるのです。

効果的に成長したいのなら、「どんな意識を持って努力するか？」から考えなければならないのです。

そうやって考えると、「頑張る」のは当たり前で、頑張るためにどうしたらいいのか？そのためにどんな努力や過程が必要なのか？　中田さんのように、そうしたことを考えつづけられる選手が一流になっていくのです。
この過程を大事にしつづけることで、きっとあなたは生まれ変わっていくはずです。

「努力の質を疑え！　目標を変えろ！」

”僕は完成した自分を見せたいのではなくて、成長する自分を見せたい。“

突然ですが、クイズです。この言葉にはあえてアスリートの名前を入れていません。
だれの言葉かおわかりになりますか？
そのアスリートは、さらにこんな言葉も残しています。

“目標を決めてそこを目指すんじゃなくて、限界を決めないでもっと成長しようと思い続けたいんです。”

皆さんはきっと求道者のようなストイックなアスリートを想像したのではないでしょうか？

じつはこれらの言葉は、平昌オリンピックの銀メダリスト、フィギュアスケーターとして活躍されている宇野昌磨さんのものなのです。

ある番組でスケートとゲームのどちらを選ぶかと問われ、「ゲームです」と即答したり、あるテレビのインタビューでは「嫌いな野菜がいっぱい入っていておいしいです」なんて答えたりと、ほのぼのとした〝天然〟な性格がフォーカスされる宇野さんですが、やはり一流のアスリートとして、自分だけの言葉を持っています。

宇野さんが語るのは過程の重要性です。

どのように成長するかを考えたとき、**努力の質を疑ってほしい**と思います。よい過程を歩めたと実感するためには、努力の質がポイントになってくるからです。

努力の質を高めるために、簡単な方法があります。

まずこの言葉をご覧ください。

> **目標のレベルが高くなれば、野球のレベルは高くなる。僕はそれができる存在になりたい。**（大谷翔平）

投手と打者、二刀流でメジャーリーグを席巻する活躍を見せる大谷さん。人が現実的に考える目標よりも上をいく目標設定に感銘を受けます。

こういった目標設定ができると、努力の質が変わっていきます。

たとえば、富士山という日本一の山を登るために必要な準備と、世界一のエベレストを登る際の準備は変わってきます。地区大会出場をめざすのと、全国大会出場をめざすのでは努力の仕方は変わっていきます。100メートルを12秒台で走っている人が、10秒台を目指す際に行なう努力と、11秒台を目指す際に行なう努力は明確に変わってきます。

めざす頂《いただき》によって努力の質、つまり準備は自然と変化していくのです。

だからこそ、努力の質を高めたいなら目標を変えることです。

今までとおなじ目標設定をやめましょう。

今までとおなじ目標設定にしないためには、自分の心に素直になることが大事です。

夢は公言するか、しないか？

本当に生まれ変わりたいなら、人にバカにされるくらいの目標設定をしましょう！

本当にこれを達成したら「やばい！」「すごい！」「ワクワクする！」と思えるような目標を立てるのです。

そのときにひとつ注意していただきたいことがあります。できるかぎり、夢を公言しないほうがいいのです。

これが意外に大事なポイントです。人に自分の夢を伝えるタイミングを間違えると何もよいことはありません。

マスコミによく取り上げられている有名アスリートの卒業文集があります。イチローさんや本田圭佑さん、ゴルフの石川遼さんなどの卒業文集は有名ですね。

ああいった卒業文集を見ると、多くの人が夢は公言するのがよいのだろうと思うかもしれません。

しかし、この方法を実際に真似した多くの少年少女たちがいたと思います。その中からこの方法で夢が叶った人はどれだけいたのでしょうか?

私は、人に夢を語ることで自分を追い詰めることになってしまった何人かのアスリートを実際に知っています。よかれと思い、夢をたくさんの人たちに公言したことで、心配した周囲から否定されつづけ、意志が揺らいでしまったり、夢を捨て去ってしまった選手を知っています。

もちろん夢を語って、周囲からのプレッシャーを自分の力に変えられると思う人は公言してもいいでしょう。

しかし、もうひとつ私が危惧するのは、公言を前提にしたとき、自分がワクワクすることよりも他人にどう思われるかを気にしてしまう人がいることです。

本当に心の底からワクワクできるような夢を設定するとき、他人にどう思われるかなんて気にしてほしくはないのです。

それでも夢を公言したいのであれば、未来の自分に手紙を書いてみてください。

公益財団法人・日本郵趣協会には「タイムカプセル郵便」という制度があり、最大で10年後に送れるそうです。自分が設定する「夢を叶えた自分」に宛てて手紙を書いてみるのです。

夢はダイヤの原石です。ダイヤの原石を研ぐのは他人ではなく、自分にしかできません。

あなたがワクワクするような夢に向かって一歩目を歩み出そうとするとき、励みになるであろう言葉があります。

「私それでもレーサーになりたいのか？」自分の気持ちに素直に行動することで先に進む意欲を見出した。

（井原慶子）

井原さんが世界のトップレーサーとして活躍したいという夢を抱いたのは学生時代に始めたレースクイーンの仕事がきっかけでした。間近で見るレーシングマシンに憧れ、気づいたときにはレーサーとして歩みだした井原さん。

物心つく前からゴーカートなどで早期教育された人がなるレーシングドライバーの世界で、20歳をすぎ、運転免許すらない状況から夢を叶えたのです。

前例がまったくない中、すべての人に否定されつづけました。それでも自分の気持ちに素直に行動した井原さんの言葉にはとても重みを感じます。

スタンフォード大学のジョン・D・クランボルツ教授が20世紀末に提案した「計画された偶発性理論」という考えがあります。

クランボルツ教授によると、われわれのキャリアの8割は予想もしなかった偶発的な出来事によって決定されていくとされます。そして、その偶発的な出来事に左右されるのではなく、自らの意志や計画性で、偶然をステップアップの機会へと変えていこうという考え方です。

さらにクランボルツ教授は、「計画された偶発性理論」を実践するために必要な条件として次の5つをあげています。

❶好奇心：たえず新しい学習の機会を模索しつづける
❷持続性：失敗に屈せず、努力しつづける
❸楽観性：新しい機会は必ず実現するとポジティブに考える
❹柔軟性：こだわりを捨て、信念、概念、態度、行動を変える
❺冒険心：結果が不確実でも、リスクを取って行動を起こす

この5つに私があえて一つ付け加えるとすれば、**本当に大事なことは頭で考えるのではなく、心で感じる今のこの瞬間を優先してほしい**ということです。

頭で出した答えは所詮、理屈です。それよりも心で感じた今この瞬間の感情に従っ

てほしいのです。特に夢については世間的な評価や理屈抜きに心で判断するべきだと思っています。

私自身、自分のキャリアについて世間体を気にしすぎて本当の気持ちにフタをしてきた過去があります。

「スポーツメンタルコーチになりたい」そう思ってからもしばらくのあいだ、実行に移すことができませんでした。それまで何をやってもうまくいかなかった私がそんなものになれるわけがない、と思い込んでいたのです。友人・知人にもバカにされそうな気がして、やる前にあきらめていたのです。

私はやろうという覚悟を決めて、一歩目を踏み出してからすべてが変わりました。だからこそ、心に素直になることを大事にしてほしいのです。

夢を追いかけスタートするときは孤独です。

孤独を愛せる人になれるか？　だれも応援してくれなくても自分の道を歩めるか？

この気持ちがとても大事なポイントになるのです。

皆と群れたり、自分と合わない人たちと一緒にいるよりも、ひとりの方が楽しいと思った。（上村愛子）

オリンピックに3度出場。世界選手権、ワールドカップでの総合優勝も果たしたモーグルスキーのスター・上村愛子さん。

彼女は小学校時代、周りの友達から仲間はずれにされるいじめを受けた経験を著書の中で告白しています。その事実はお母さんにもある時期まで内緒にしていたそうです。

じつは私も母がフィリピン人であることで揶揄された経験があり、いじめに近い経験を受けています。ですから、上村さんの気持ちが痛いくらいにわかるのです。

しかし、モーグルスキーと出合った上村さんは新たな目標を手にしたことで生まれ変わったのです。

私は現在、年間で何十名ものアスリートのサポートをしていますが、孤独を愛せる人は必ず強くなれると感じます。

孤独を愛する中で、批判的な人に目が向きすぎてしまうことが起きがちです。しかし、大事なのは批判に耳を傾けるのではなく、本気で応援してくれる人の声を大切にすることです。

ファンにとって私と偶然に出会うのは、一生に一度あるかないか。(宮里藍)

史上初となる高校生プロゴルファーとして注目を浴び、翌年には年間獲得賞金額1億円を突破。その後、アメリカツアーでも活躍し、世界ランキング1位にも輝き、惜しまれつつ2017年に現役を引退した宮里藍さん。

名実ともに一気に有名になった宮里さんは、ファンからの何気ないブログコメントやメディアの事実とは違う記事に心を痛めた時期がありました。

そんな中、沖縄の空港でファンに囲まれた際、無愛想な態度をとってしまったそうです。それを見たお父さんから雷が落ちます。「対応の悪さがファンを失望させる」と叱られたことでファンをより大切にしようと決意したそうです。

教育心理学に「ピグマリオン効果」というものがあります。教師が生徒に期待することによって生徒の成績が向上することです。別名「教師期待効果」とも呼ばれています。簡単に説明すると、人は他人から期待されていると感じるとその期待に応えようとし自分の持っている能力が無意識に引き出され、結果すらもよくなるというものです。

一方、人からまったく期待されていないと感じたとき、ピグマリオン効果とは反対の結果が出ることがわかっています。能力や意欲が落ち、結果がどんどん悪くなります。これを「ゴーレム効果」といったりします。

期待されたり、応援されたりするのにふさわしい人になることが大事なのです。

これはたくさんのファンを持つトップアスリートだけに限った話ではありません。

父親、母親、兄弟、監督、コーチ、学校の教師、友人、先輩・後輩、職場の同僚、近所の知り合いまで……あなたにもさまざまなことを言ってくる人たちがいるかもしれません。

よく批判に耳を傾けろなどと言いますが、批判の声を力に変えられる自信がある人だけがやればよいと思います。その自信がない人は無理に批判に耳を傾けないでください。

自分にとって本当のファンとは、ピグマリオン効果のようにしっかりと期待してくれる人たちのことです。そういった人を大切にしてほしいのです。それ以外の声、特に批判的な声に耳を傾けすぎないでほしいのです。

「どんなシーンで笑顔を見せるか?」

心から応援してくれる人たちと出会うためにも、ふだんからあることを大事にしてほしいと思います。

苦しいときや、怒りがこみ上げてきたときに、あえて笑顔を見せたらどうなるかな、と。（岡崎慎司）

ドイツやイングランドのチームで結果を残しつづける岡崎さん。滝川第二高校を卒業後、清水エスパルスでプロの道を歩み出します。

しかし、彼にはある弱点がありました。それが足の遅さ。サッカー選手として致命的な弱点を抱えながらも、陸上トレーナーに指導を志願し、弱点を克服します。

そんな岡崎さんが大事にしてきたことが笑顔でした。イングランド代表で活躍したゲーリー・リネカーさんはツイッター上で「岡崎の得点後の笑顔よりも素晴らしいフットボールの光景はなかなかない」と賞賛しています。

フィールドを走り回り、献身的なプレイでチームを鼓舞しつづける泥臭いプレイスタイルとともにゴール後の満面の笑顔に多くのファンが魅了されています。

岡崎さんの著書を読むと、日常から笑顔を大事にしていることが伝わってきます。

岡崎さんのチームメイトがバーで日本人を蔑視《べっし》する発言をしたとして問題になったことがありました。試合が始まっても、岡崎さんは何事もなかったかのようにふだんどおりの笑顔で対応し、その姿を見たチームのファンたちは彼に賛辞を贈ったという話です。

何があっても笑顔でいつづけるだけでいいのです。それはとても大変なことですが、効果は計り知れないものです。笑顔でいることで自律神経のバランスが整うという科学的データもあります。

さらに、岡崎さんは笑顔を通じて自分を客観的に見る癖があるそうです。

"どんな場面で笑顔が出るか。それによって、そのときの自分のメンタルがわかるものだと思う。（岡崎慎司）"

だからこそ、ドイツでプレイしていたとき、チームの負けが込んだ際にも徹底して笑顔でいることを貫いたそうです。負けが込むとうつむいて暗くなるものですが、そんなときに笑顔を絶やさず献身的になれるのも彼のこういった考えが背景にあってのことなのです。

岡崎さんの言葉にはとても深い示唆が隠れています。人の本性は、本人が意識していない場面で出るものです。

たとえば、ドラマで俳優がいくら演技をしていても、その人らしさまで消し去ることはできません。どれだけ意識して自分を作っていても無意識の振る舞いまではなかなか変わらないものです。

それだけでなく、しんどいことが起きたときほど、無意識の本当の自分が出てきます。いくらふだんよい人そうでも、目の前で思いどおりにならないことが起きたときに本性が見えてしまい、周りの人からの信頼を失うことさえあるでしょう。

これは人間関係についての話です。それがどう競技と関係あるのかと思われるかもしれませんが、選手が試合で活躍できない理由を深く掘り下げていくと必ずといっていいほど人間関係の問題が出てきます。

競技にだけ集中したくても、競技以外に問題を抱えていれば、それはかないません。逆をいえば、ふだんから人間関係を円滑にしている選手ほど、競技に集中する環境が整っていると同時に、結果が出やすくなるものなのです。

プレッシャー&ストレスをどうするか？

アスリートにとって特に重要になることは、プレッシャー（ストレス）の扱い方です。

”たまにプレッシャーのない生活に憧れます。いや、憧れているだけでしょうね。たぶん、プレッシャーがない人生より退屈なものはない。（錦織圭）“

並み居る屈強な選手の中で小柄な錦織さんが世界と対等に戦う姿に多くの日本人が勇気をもらっています。

そんな錦織さんですらプレッシャーを感じていて、プレッシャーがない人生を想像できないと話しているのはとても新鮮です。

プレッシャーはストレスにもなりますが、活躍する選手はプレッシャーを成長の糧にできる人ばかりです。

このとき大切なのは、プレッシャーに打ち克《か》とうとか、プレッシャーを跳ねのけようとすることではなく、プレッシャーをうまく受け入れることだと私は考えています。

真正面から来る力を力任せに押し返すのではなく、その力を逆に利用する視点を持ってほしいのです。

オススメしたいのが自分に対して問いかける方法です。

たとえば、**「このプレッシャーにはどんなよい意味があるんだろう？」**と問いかけてみるといかがでしょうか？

プレッシャーの嫌なところばかり見ていた人にとって、よい意味なんて考えにくいことかもしれません。繰り返しになりますが、トップアスリートたちはこういったネガティブに思える出来事の中にプラスの側面があることを知っています。

今はまだ答えが見つからなくても、自分に問いつづけることでネガティブな出来事の中にあるプラスに気づく瞬間が必ずやってくるものです。

その日のためにも、ぜひ問いつづけていただきたいのです。


性格は変えられなくても、考え方は変えられるということだ。（川口能活）

川口さんはゴールキーパーとして高校サッカーで全国制覇、日本代表としても長年ゴールマウスを支えてきた名選手です。

川口さんが小学校5年生のときに火事で家が全焼。失意の中、父親が「1年後にこういう家を建てる」と家族の前で宣言し、実際にそのとおりに新しい家を建てたという逸話があります。

こうした体験があったからか、海外に活躍の場を移したあと、うまくいかない時期が続いても、川口さんがメンタルをよりよくするために生まれ変わろうとする姿勢に心を打たれました。

本当に強い人は、自分の弱さ、他人の弱さを知っている人。人間は弱いんだってことを知ってる人は優しいよ。だから、ポジティブになれる人は、ネガティブな自分を知っていて、受け容れてる人なんだと思う。（川崎宗則）

「薩摩《さつま》のイチロー」と称された打撃センスや走攻守三拍子揃った選手として九州では有名だった川﨑さん。イチローさんに憧れ、左打ちに変え、メジャーにも挑戦します。

２０１７年に日本球界に復帰するも２０１８年から自律神経の不調で野球から離れています。

そんな川崎さんの代名詞といえばポジティブな振る舞いです。いつもチームメイトやファンを楽しませてくれる明るい性格で注目を浴びます。

そんな川崎さんが弱味をさらけ出している一文にはある願いが込められている気がします。

自分の弱いところを隠そうとしたり、悟られない行動を取るのではなく、そういったところまでも自分の一面であると認めることの大切さです。

弱味がないと人は成長しません。弱味や弱点はサプリメントのようなものです。

私は自分がフィリピン人の母親を持つハーフであることを人に打ち明けるのが怖く、20歳を過ぎても沖縄出身と偽っていた時期がありました。今思えば笑い話ですが、当時の私にとってはフィリピン人のハーフであることは人に知られたくない弱みだったのです。

私はフィリピンを誇れない国と思い込んでいたからこそ、アイデンティティに自信が持てなかったのだと思います。英語を使いこなし、自然豊かで大らかな人が多いフィリピンの素晴らしい面をしっかりと理解できたことで、私はフィリピンのハーフだということを強みだと思えるように変わりました。

たとえば、他人に対して厳しくできない、怒ることができないと悩む人がいます。それは弱みだと思うかもしれません。けど、裏を返せばそれだけ人に優しく接することができる強みなのかもしれません。

弱みは強みでもあり、伸びしろでもあると思って日々を過ごすことで自分自身の成長につながるものです。

「灯台下暗し」という言葉のとおり、大切な学びとは近くにあるものです。

私たちはいつも新しい知識を欲しがりますが、自分自身をしっかりと深く知ることで自分の成長のチャンスはたくさん隠れているものだと思っています。

だからこそ、私は小学生から今に至るまでを振り返っての「人生の棚卸し」という作業を大事にしています。

小学校時代、どうしてソフトボールではなく野球を選んだのか？

中学校時代、どうして突然修学旅行の実行委員に立候補したのか？

昔はシャイで人前で話すのが大の苦手だったのに、なぜ今では連日人前でのセミナーを行なっているのか？……など。

人生のさまざまなシーンにおける自らの選択の背景には、そのとき自分が大事にしていた価値観があります。

「人生の棚卸し」では、これまでの人生において自分の価値観がどのようなもので、どう変化してきたかに目を向けてみるのです。

これは自分の価値観を再確認することでもあり、自分を深く知ることにもつながるのです。

特に、かつてネガティブに感じていた出来事に向き合うだけでも効果はてき面だと思います。

”あまりに苦しくて苦しくて、仕方ないときは、一歩引いた立場から全体を見てみる。そうすれば、自分がどれだけ恵まれているか実感することができる。（桑田真澄）“

名門ＰＬ学園で1年生から試合で投げつづけ、数々の甲子園記録を作った桑田さん。

引退後は大学院にも通い、指導の本質だけでなく人としてのあり方を問いつづけています。

冷静沈着な桑田さんは、俯瞰してみることを意識しているといいます。

それはとても簡単そうでじつは難しいことです。私がこの一文を選んだのは、「俯瞰する」ときに重要になるキーワードが含まれているからです。それが「自分がどれだけ恵まれているか実感すること」です。

私は、フィリピン人の母がいつも故郷がいかに貧しい国だったかを話してくれました。そうした環境でもできるかぎり勉強し、成人してから出稼ぎに行ったイギリスで家族を楽にしようと給料の一部を祖国に送金していたそうです。

そんな話をずっと聞かされて育ってきた私は、母から「幸せとは何か」を教えてもらったのかもしれません。

現在の日本で暮らす人たちは、いくらでも夢や目標が持てる環境にいることが当たり前になったおかげで、夢や目標を持てる環境に幸せを感じづらくなってきたのではないのでしょうか。

あなたが毎日ふつうに暮らしている環境は、じつは奇跡のように有り難いことなのに、その有り難みを感じなくなっているのではないでしょうか。

「いかに自分が幸せな環境で日々を過ごすことができているのか？」

そのことに思いを至すだけで、たいていの悩みが小さなものであることに気づき、ネガティブな出来事すら受け入れやすくなるはずです。

悩んでいたことが小さなことだと思えた瞬間、私たちには本当の成長が待っています。

そこにいるのは生まれ変わった姿のあなたなのです。

Chapter 4

夢は続く、終わらない

Complete the task &
Return home

「夢を叶えたあとで」

私がサポートする選手と1年間のコーチングを終えたとき、よく尋ねる質問があります。

「夢を叶えて、どうなりたいのですか？」


アスリートの人生には大きく2つあります。

一つがアスリートとしての人生、もう一つがアスリート生活を終えた後の人生です。

競技によって40代、50代と現役を長く続けられるものもあれば、20代で引退しなくてはいけないものもあります。いずれにしても、競技者としての人生を終えたあとにも人生は続いていくのです。

こんな衝撃的なデータがあります。

2009年に「スポーツ・イラストレイテッド」誌が伝えたところによると、NBAプレイヤーの60%が引退から5年以内に自己破産するといいます。また、NFL選手の78%は引退後2年を持たずに破産するか、経済的に困窮するというのです。

これほど悲しい現実はありません。燃え尽き症候群という言葉がありますが、人生最大の目標を失った瞬間に待ち構えるのは天国ではなく地獄かもしれません。

日本においても、競技生活以降の現実を知り、どうしても〝夢のあと〟が怖くて今に集中できないという選手からの相談も後を絶ちません。彼ら、彼女らは、現役生活の真っ只中に、現役後を想像して、不安を抱いてしまっているのです。

私は、夢の先を示してあげることも自らの仕事だと思っています。

メダルより図書券が欲しい。（中田英寿）

前章でも紹介した中田英寿さんは現役時代に簿記検定の試験を受けるため、大事な試合の出場辞退を申し出たという逸話があります（結局、試合には行ったそうです）。

29歳にして引退を決断後、「サッカーだけの人生で終わりたくない」という言葉のとおり、一般財団法人「TAKE ACTION FOUNDATION」を立ち上げるなど、独自のキャリアを歩んでいます。

「二兎を追う者は一兎をも得ず」という諺《ことわざ》がありますが、現役中に別のことをするのはよくないという人もいます。指導者の中には、とにかく今の競技に専念しなさいという方は多いと思います。

しかし、私はアスリートが競技の次のステップを考えておくことはとても重要だと思っています。そのためには現役時代からある程度の計画を立てておくことが大事です。

二つを追うのではなく、競技に集中するためにも、競技後のことについてもきちんと考えるのです。そのときには中田さんの言葉や生き方が参考になるはずです。

今、何をすべきか？　そのためにどんな勉強が必要か？

ぜひどんどん勉強してほしいのです。セカンドキャリアのために無理して方向性を決めつけるのではなく、**興味があることから積極的に触れる機会を作ってほしい**と思います。

私が知るカヌー選手の高田和樹さんは、アスリートがお金の問題で夢をあきらめたり、やりたいことができない状況を改善するため、選手のセカンドキャリア支援を具体的な目標に引退後の未来を着々と描いています。

ただし、無理してまでセカンドキャリアを見つけようとしないでください。競技ができるのは現役のときだけです。無理してレールを敷くのではなく、気になる方はある程度の道筋を考えておくだけで十分です。

人生の目的ってなんですか？

本書の最後に、こんな質問を用意しました。

Q　人生の目的ってなんですか？

Q　夢を叶えた後にどんな人生の目的を達成したいのでしょうか？

Q　人生の目的を達成するためにどうしてこの夢を追いかけているのですか？

パッと答えられない人が多いのではないでしょうか。

「人生のテーマ」と伝えると理解しやすいかもしれません。**一生追いかけたいテーマ、それを見つけてほしいのです。**

そして、できれば人生の目的を「他人と比較して自分はどうなのか」などと考えるのではなく、「自分の人生を彩るため、どんなことをしたらワクワクするのか」という軸で考えてほしいのです。

私が尊敬する経営者でタリーズコーヒーの元社長だった松田公太さんは「世界中の人々が食を通じて互いを理解し、一つになってほしい」という思いでタリーズコーヒージャパンを創業しました。

本田圭佑さんは「もし世界から戦争がなくなり、平和になる術があるとすれば、それは教育革命しかない」と語り、教育事業への参画に意欲を見せています。

さらにヒントになるのは会社の企業理念です。ナイキは「世界中のすべてのアスリートにイノベーションとインスピレーションを」を掲げています。

もちろんこんなに立派なものである必要はありません。あなたなりの壮大な夢です。ヴィジョンという言い方をする人もいます。

大きなヴィジョンを持たずに、ただ結果だけを追い求めると気持ちが途切れやすいものです。「選手生活のピークが人生そのもののピークであった」なんてことが起きないためにも、現役であるうちにセカンドキャリを見つける先に、人生のテーマを描いてほしいのです。

「人生、サッカーが終わったあとのほうが長い」と長友佑都さんが語るように、短い競技人生の中から感じた大切にすべき価値観にもとづいて「人生のテーマ」を見つけることが競技の充実感へとつながっていくのです。

今、自分自身が向き合う競技を通じて、どうなりたいのでしょうか？

ただ素晴らしい結果を残せればそれで満足なのでしょうか？

それが達成できれば本当に人生は満足するのでしょうか？

今、この瞬間は素晴らしい結果を追い求めることに迷いがないかもしれません。けれど、もし迷いが生まれたときには思い出してください。

競技を通じて何を叶えたいのか、人生で何を成し遂げたいのか、あなただけのヴィジョンを。

一生追いつづけたいことをぜひ見つけてほしいのです。それが明確になれば、必ず競技につながるのです。

「自利と利他」

自分のためから社会のために。
社会のためから世界のために。
世界のためが次世代のために。
次世代のためが自分のために。

仏教には自利利他《じりりた》という言葉があります。

自利とは、自己の修行により得た功徳を自分だけが受け取ることをいい、利他とは、自己の利益のためでなく、他の人々の救済のために尽くすことをいいます。大乗仏教では、この両者を完全に両立させた状態に至ることを理想とするのです。

3章で他人のために教えることが自分のためになるとお伝えしましたが、この考え方は仏教からきているわけです。

大切なのはこのバランスをとることです。何かうまくいかないことがあれば、すぐにこのバランスを疑ってみてください。

特にうまくいかないときほど、自分のことばかり考える自利の要素が強くなりがちです。意識的に利他を心がけることでバランスは自然ととれてくるものです。

人のため、社会のため、世界のため、そして、次世代のための行動を意識してみてください。

”

僕のポジションを、少しでも早く若手の将来のために譲るのもまた、

日本のジャンプ界を引っ張っている僕のもう一つの道であるかもしれないと考える。そこからまた、新しい使命は生まれる。（葛西紀明）

スキージャンプ界のレジェンドとして20年以上のキャリアを持つ葛西さんは冬季オリンピックに8度出場、3つのメダルを獲得しています。葛西さんはお母さんを火事で、妹さんを再生不良性貧血という難病で失いました。壮絶な過去を持ちながらも第一線で活躍しつづける不屈の精神が多くの方々に感動を与えてきました。

葛西さんは、土屋ホームスキー部の選手兼監督として活動しています。平昌オリピックの4年後の北京オリンピックをめざすと明言されていますが、心のどこかでは次の世代、スキージャンプの未来をしっかりと見据えている気持ちが「新しい使命」という言葉から受け取れます。

アスリートとして頑張るのはもちろんですが、次世代を見据えて行動することはとても重要です。

葛西さんのこの言葉には、次の世代に自分たちのバトンをつないでいこうとする気持ちが現れています。次世代を考えることこそ、究極の利他ではないでしょうか。

"僕にとって将来やりたいことは目標なんだよね。夢じゃなくて、目標。(松坂大輔)"

平成の怪物として甲子園を沸かせた松坂さん。少年時代に憧れていたメジャーの舞台にも進み、目標を達成しました。

輝かしい結果を生み出す背景には、夢とは語らずに目標だと言い切る姿勢は私たちも真似たいところです。

「人」の「夢」と書いて「儚《はかな》い」なんていう人がいます。夢を夢で終わらせないためにも、夢に到達するための確かな道筋が必要になるのです。

コーチの語源は「馬車」。人や物を目的地に届けるという意味を持ちます。

夢という目的地にたどり着くために、目印となる目標が大事なのです。

「変化を楽しめ」

先を見て目標を掲げ、そこをめざして歩きだそうとするとき、必ず変化がつきまといます。

> 一流になれる人となれない人の違いを一言で言うとしたら、変化を嫌わない人か、どうかということだと思います。（古田敦也）

ヤクルトスワローズの名捕手であり、監督も務めた古田さんが著書の中で変化について語っています。

活躍する次元が高くなればなるほど、それによって生まれる変化もダイナミックです。プロの世界になると、毎年のように環境が劇的に変化していきます。

コーチは2、3年で変わりますし、選手の入れ替えも激しい世界です。選手自身も結果を残せなければ1軍から2軍に落ちますし、場合によっては解雇されることもあります。これはあらゆる競技にいえることです。公務員のような安定した職業とはかけ離れた不安定な世界がそこにはあります。

「ホメオスタシス」という言葉があります。日本語では恒常性《こうじょうせい》維持機能といわれ、環境が変化しても体の状態を一定に保とうとする生体的働きのことです。

たとえば、暑かったら汗をかき、寒かったら体を震わせて熱を生み出すことで、体温を一定に保とうとするのです。

ホメオスタシスは人の生き方にも当てはまるものかもしれません。やはり安定した環境はだれにとっても心地よいのです。

ところが、生き方のホメオスタシスは、成長しようとするとき、マイナスに作用することがあります。それは「変化を恐れる」という言葉に集約されます。

不安定な場所に身を置くことが好きな人もいれば、不安定が嫌で安定に留まりたい人もいます。

しかし、不安定になることを嫌がり、安定の地にいつづけようとすれば、成長はありません。

新しい練習方法を取り入れるか、新しいコーチに変えるか、所属しているチームを移るか……アスリートにはさまざまな岐路があります。

その際、安定を求め、変化を恐れるあまり、消極的な選択になる人が多いものです。そんなときにはぜひ、古田さんの言葉を思い出してください。

どこにも安住の地などありません。私自身、25歳で当時勤めていた大企業からリストラを受けた経験からそのことを知っています。

選択肢があるなら、難しいほうを選んでほしいのです。その先には成長が待っています。信じてほしいのです。難しいと思える選択の先には成長する自分がいることを。

では、何もかも新しいことをしたらいいのでしょうか?

そうではありません。基礎を大事にし、チャレンジしつづける姿勢こそが求められます。

自分がいつも心においているのが「不易流行《ふえきりゅうこう》」という言葉です。いつまでも変わらない本質的な物のなかに、変化する物を取り入れる、もしくは、時代にあわせ変化をしていくことこそ、不易の本質です。（室伏広治）

「不易流行」とは、俳聖・松尾芭蕉が「奥の細道」の旅の中で見出した俳諧《はいかい》の理念の一つです。芭蕉の俳論をまとめた書物『去来抄《きょらいしょう》』では、不易流行について、以下のように書かれています。

「不易を知らざれば基立ちがたく、流行を知らざれば風新たならず」

噛み砕いていうと、「よい俳句が作りたかったら、まずは普遍的な俳句の基礎をちゃんと学ぼう。でも、時代の変化に沿った新しさも追い求めないと、陳腐でツマラナイ句しか作れなくなるので、気をつけよう」（日本俳句研究会）という意味になります。

時代の変化に応じて自分自身を変えられない人は淘汰《とうた》されます。

成長が止まった瞬間に始まるものは退化です。

ダーウィンのよく知られた言葉を借りるなら、

「最も強い者が生き残るのではなく、最も賢い者が生き延びるのでもない。唯一生き残るのは、変化できる者である」

ということになるでしょう。

この言葉のとおり、変化しつづけるものが生き残るのがスポーツの世界です。

イチローさんは振り子打法で一世を風靡しましたが、メジャーに渡って以降、徐々に振り子打法は影を潜めることになりました。

また、日本代表で活躍した長谷部誠さんがドイツで長年活躍できるのは、ボランチというポジションからサイドバックやリベロという新たなポジションを受け入れ、自分自身をつねに変化させつづけることができたからでしょう。

室伏さんが「不易流行」と語ったように、イチローさんも長谷部さんもいきなり大きな変化をしたのではありません。変わらない本質はそのままに、**小さな変化を積み重ねて大きな変化を起こすのです。**

変化こそ、あらゆる環境で生き残るための最善策ではあるのですが、変化しつづける中で注意しなくてはいけないこともあります。

急に「できた」と思えるような技術は、自分のものになっていなくて、本当に手にするまでには時間がかかる。（筒香嘉智）

横浜高校からドラフト1位で横浜ベイスターズに鳴り物入りで入団したものの、筒香さんは4年間理想とするような結果を出せませんでした。低迷期を乗り越え、5年目に一気に才能を開花させた筒香さんの言葉だからこそ説得力があるのです。

つねに変化しつづけていくために、つねに時代にそった変化をするために自分自身を成長させなくてはいけません。

その過程において、幾度も心が折れそうになる瞬間が待ち構えているはずです。一喜一憂を繰り返しながら前に進むしかないのです。

その道中はとても過酷で強い気持ちを持って練習に励むメンタルが試されます。

今日できても、おなじように次の日もできるとは限らない。できる日が何日か続いてもある日突然できない日が来る……。一進一退の攻防を繰り返しながらも成長しつづけることが求められるのがアスリートの宿命です。

しかし、**本当の成長を手にすることができた瞬間に、成長に比例した結果もやってくる**ものです。

私がサポートしているプロ野球選手も、入団当初は守備に大きな不安を抱えていました。首脳陣から打撃について高い評価を受けていただけに、「あとは守備だけだな」と周囲からも言われつづけていました。

当然、彼は懸命に守備練習に取り組みました。練習を見守っていても、その姿は鬼気迫るものがありました。それでもやはり試合でエラーしてしまうこともありました。

それからしばらくして驚くことが起こります。たまたま目にしたスポーツ番組のインタビューで、コーチが彼の守備を賞賛していたのです。

〝そのとき〟はいつやってくるかわかりません。手にしたと思っても、すぐに手からこぼれ落ちるかもしれません。もしかすると、いつまでもやってこないかもしれない。しかし、あきらめずに追い求めるしかないのです。

一進一退の末に、彼は本当の成長を手に入れたのです。

勝利のあとで

私は自らがサポートするアスリートたちに一過性の成功ではなく、長年にわたり活躍しつづけてもらいたいと思っています。

そのために大きな示唆を与えてくれる言葉を紹介しましょう。

“勝った後のシーズンが何よりも難しい。”（本橋麻里）

本橋さんは平昌オリンピックでＬＳ北見のチームキャプテン・リザーブとしてチームを支え、カーリング史上初の銅メダルを獲得しました。２０１６年パシフィック・

アジア選手権で日本勢10年ぶりの優勝、日本選手権初優勝、そしてその勢いのまま臨んだ世界選手権では、オリンピックも含めて日本初となる銀メダルを獲得しました。その翌年のシーズンで発せられた言葉が、この「勝った後のシーズンが何よりも難しい」でした。

私がサポートする選手の中には何年もずっと勝ちつづける選手もいれば、勝ちと負けを繰り返す選手もいます。

競争が激しいスポーツ界において勝ちつづけることは至難の業。勝ちつづけると、自然と勝ったときのイメージを大切にしすぎてしまうものです。

特にプロの世界は結果をつねに求められます。しかも、そのプレッシャーは尋常ではありません。私のクライアントでもあるプロ野球選手は、4月からのシーズンが始まるとかなりナーバスになります。昨日がよくても、今日はダメ……そんな浮き沈みの繰り返しです。

だからこそ、何日か結果を出しつづけると、どうしてもその感覚が頭に残ります。

そして、よかったときのイメージを引きずりすぎると、ある弊害が生まれます。過去の成功に捉われすぎると成長することではなく、過去に戻ることばかり意識しすぎてしまうのです。

感覚として、過去の成功はとても貴重なものです。しかし、過去は過去。今は今。時間の経過とともに進化している肉体やメンタル、技術がある中で過去の成功に捉われすぎてはいけないのです。


早く明日になって欲しい。こういう結果のときに余韻に浸ったりすると、この先はロクなことはないですから。（イチロー）

イチローさんが、シーズン中に5打数5安打という結果を残した際の言葉です。手にしたかった成功という〝幻想〟を手にしたと思った瞬間、自分自身を見失ってしまう選手がいます。

そうならないためにも結果に囚われずに、つねに謙虚でありつづける必要があるのです。

結果を残しつづける選手というのは謙虚で驕《おご》らず、ひたむきに自分を疑い、つねにもっと成長できるのではないかと試行錯誤しています。

「成功体験の誤学習」というものがあります。3分に1回、餌が出る仕組みになっている檻の中にラットを用意します。するとラットは最初に餌が出たときに行なっていた行為と、餌が出ることを頭の中に勝手に結びつけてしまうようになります。

餌が出てきたタイミングでちょうど首を振っていたラットは「首を振れば餌が出る」と誤学習して首を振りつづけますし、そのタイミングで檻を噛んでいたラットは「檻を噛めば餌が出る」と誤学習して檻を噛みつづけます。

われわれも知らず知らずのうちに「成功体験の誤学習」をしていないでしょうか？成功といっても、実力だけでなく、偶然が重なって生まれたものもあります。実力かもしれないし、偶然かもしれません。

「成功体験の誤学習」に陥らないためのコツは、勝ち負けという結果ではなく、自分自身の中にある「小さな成長」に目を向けることです。

一回もできなかったドリブルのフェイントができるようになったり、5回しか挙がらなかったバーベルが6回できるようになったり、人に言ったら笑われそうな成長かもしれませんが、どんな些細な成長でも構いません。そうした**小さな成長に目を向け、きちんと大事にしてほしいのです。**

夢を掴み取るためのポイントは日常の小さな成長の中に隠れているのです。

夢を加速させる仕掛け

さらに夢を加速させるために、ある仕掛けが必要です。

“タイムリミットが、夢への追い風になる。”（中澤佑二）

40歳までJリーグで活躍、199試合連続出場という記録を持つ鉄人・中澤さんがサッカーを始めたのは小学6年生とかなり遅めのスタートでした。サッカーでは無名の県立高校からブラジルに単身留学し、日本に帰国後、ヴェルディ川崎（現東京ヴェルディ）に練習生として入団。交通費も支給されない環境からプロ契約を勝ち取った経緯があります。

中澤さんのキャリアは、夢を追いかけるのに遅すぎることはないのだと教えてくれます。

今では特定のスポーツを幼少期から英才教育していく風潮がありますが、そうした環境にだれもがいるわけではありません。そして、才能はもちろん、身長や骨格などの身体的な部分もまただれもコントロールできません。

そんな中、夢を叶えるためのヒントが中澤さんの言葉にはあります。

夢を叶えるために中澤さんが実践したのがタイムリミットを設定することでした。中澤さんの場合は、親から「22歳までにプロになれなければ、プロをあきらめて就職しなさい」と言われていたそうです。

私のクライアントで海外移籍をめざしていたサッカー選手の話です。当時、彼は「年内に移籍が決まればいい」と話していました。そこで私は彼に、具体的な日付を決めるようにと伝えました。

その2週間後、彼は海外移籍を決定し、チームと仮契約を交わしました。やはり明確にタイムリミットを設定することには大きな意味があるのです。

皆さんもぜひ目標に期日を立ててみてください。

すると一気に緊張感が高まるのを実感するはずです。

それは、同時に結果を強烈に意識する瞬間でもあります。その日までにできるかできないかが突きつけられるからです。

こういう話をすると、必ずこんな質問をされます。

「期日までに夢を達成できなければ、夢をあきらめないといけませんか?」

一番重要なのは、期日まで一生懸命頑張るということです。

期日までに達成できなかったときに夢をあきらめず頑張るのか? それとも本当にあきらめるか? それはその日に決めればいいと思います。その瞬間の心の声に従ってみてください。

理屈で物事を考えすぎると後々つらくなるのは自分自身です。

心に素直になったとき、「あきらめたくない!」と思う自分もいるかもしれないし、

「もういいか」と思うかもしれません。もしかしたら、期日を先延ばししたくなるかもしれません。

そのときは目標を再度考え直してください。おなじ目標でなく、成長に見合った目標を作り直してください。

タイムリミットを作り、目標をめざして走り出したとき、結果だけを意識しつづけるとしんどいものです。

そんなときこそ、前述した「楽しむ」ことに意識をシフトしてみてください。楽しみながら目標をめざすのです。

楽しくやっていさえすれば本当に結果を残せるのか懐疑的な人も多いでしょう。

「楽しむことと結果を求めること」どっちが大事かという議論がある。月並みになってしまうけれど、どっちも欠かせないと僕は思う。

（山﨑康晃）

横浜ベイスターズの若き守護神・山﨑さんは私とおなじフィリピン人と日本人のハーフです。ドラフト1位で横浜DeNAベイスターズに入団後、4年目には初のタイトルとなる最多セーブ投手を獲得。彼の登場曲が流れるとスタンドはヤスアキJAMPが始まり、会場の雰囲気が一気に変わります。

山﨑さんは楽しむことも、結果も大事だと伝えてくれています。

物事にはすべて陰陽があります。プラスとマイナスと言い換えてもいいかもしれません。人生にもよいことと悪いことがあります。

そして大切なのは、マイナスの中にもプラスがあり、プラスの中にもマイナスがあるということです。

山﨑さんが言う「楽しむこと」と「結果を求めること」もこれとおなじようなものではないかと私は考えています。二者択一で、どちらか一方を選ぶということではなく、「結果を求めること」の中にも「楽しむこと」があり、「楽しむこと」が「結果を求めること」につながっていくのかもしれません。

「厳しさを楽しむ工夫」

どのようにしたら厳しい環境に身をおいても楽しめるのでしょうか？夢を叶えるために結果を求めつつも、楽しむことを両立させるにはそれなりの工夫が必要になります。そこで参考にしてほしい言葉があります。

”観ている人たちが、楽しんでもらえるような選手になっていけたらなぁという思いが自分の中に凄くある。“（西川周作）

西川さんは浦和レッズのゴールキーパーであり、日本代表でも31試合に出場しています。

観ている人を魅了する、楽しんでもらうという意識がどうして大事なのでしょうか？

それは、この意識を持つことが技術力向上に直結するからです。

他人の目を意識することが、モチベーションになるのです。だれかに楽しんでもらえるという感覚は自己肯定感を満たしてくれるものだからです。

そもそも人は、自分がここに存在していることをだれかに知られている感覚を強く求めるものなのです。

このことを社会科学では「観察者効果」といいます。これは「見られている」と意識したときに行動が変化することを指します。目のイラストが描かれた防犯シールをご覧になったことがあるかもしれませんが、あれも観察者効果を狙ったものです。

人は見られていることを意識するだけで行動に変化が起きます。

他人の目を感じるとき、その視線が自分にとってプラスに働いているのだと思ってみてください。

観察者効果で自分の行動がプラスに進化していくのだという気持ちで人目を意識できたらいかがでしょうか？

マイナスだと思うことも、プラスに変えていくクセを作るチャンスだと思ってください。

周囲の人たちは自分の人生を擲《なげう》っても、私に懸けてくれる。そんな彼らを見ると、私は生きているのではなく、生かされているんだと、つくづく思います。（村主章枝）

日本のフィギュアスケート女子シングルでは異例となる33歳まで現役を続けた村主さんは、オリンピックにも2度経験、豊かな表現力と独自の世界観から「氷上の女優（アクトレス）」と称えられました。

前述のとおり、私のコーチングを受けた選手には、小さな感謝を見つけてもらうようにしてもらっています。ノートに毎日小さな感謝を書きつづけてもらうのですが、一度書いた内容は次の日以降書けません。

たとえば、「電車が無事に動く」「天気がよかった」「ご飯がおいしかった」とか、そんな小さな感謝をとにかく集めます。

やってみた選手たちは最初「こんな小さな感謝でいいの?」と聞いてきます。

1カ月、2カ月と過ぎるあたりから面白いことが起こります。

新しい小さな感謝を見つけるのが難しくなり、だんだん書けなくなっていくのです。すると、嫌でももっと小さなことに目を向けるか、当たり前の日常にもっと感謝できるものはないかと無意識に探し始めるようになります。

このワークをした人が体感できるのが、「生かされている」という感覚です。まさに村主さんが言っているとおり、「生かされている」のを実感するのです。

朝起きてから、寝るまで、どれだけの人があなたのために携わっているでしょうか?

電車を運転してくれる人、道路の掃除をしてくれる人、昼ごはんを運んでくれる人……あげていけばきりがないはずです。もちろん、両親や友達、仲間、彼氏、彼女、監督、コーチ、さらにはライバルにも感謝してみてください。

目に見えない場所での多くの人の支えがなければ、競技の舞台に立つことはできないのです。

そうした日常の当たり前にもっと目を向けることができたらいかがでしょうか？　そう思えたら、他人への意識、他人からの評価、他人の発言もすべて力に変えていける〝心の器〟が自然と広がっていくのです。

そして一番をめざすのであれば、とても大事なことを伝えたいと思います。

一番高いところに立って、「俺たちはひとつにつながってるよ」と伝えた方が、もっとみんなが気持ちよくなれる。一番の人間がどういう発言をするのか、これはものすごく大事なことだ。（篠宮龍三）

フリーダイビングという競技をご存じですか？

いくつか種目があり、酸素ボンベなしでダイブする種目で2008年にアジア人で初となる水深100メートル超えを記録、2010年には115メートルという記録を樹立したのが篠宮さんです。

篠宮さんは著書の最後をこう締めくくっています。

「海はひとつ。海とつながれば心とつながる。心とつながれば人とつながる」

自身が掲げる「One Ocean」を広めたい気持ちが現れています。ラグビーでも試合が終わることを「ノーサイド」といっていました（現在ではFull timeといって試合が終わります）。これは、戦い終えたら両軍のサイドが無くなっておなじ仲間だという精神に由来します。

どの競技でも1番になる人は、一人だけです。チームスポーツなら最後に笑って終われるのは1チームだけです。勝者がいるということは、必ず敗者がいます。敗者がいるおかげで勝者が生まれます。

私のところには、負けつづけ、物事がなかなかうまくいかずに困っている選手が多く訪れます。彼らがメンタルコーチングを通じてメンタル面を変化させ自信を手に入れ、大きな夢を掴む瞬間を何度も見てきました。

彼らは最後には必ず敵味方という大きな垣根を答えた人間関係を構築できる人になっていきました。

あるスノーボードの選手は、世界大会で負けてしまいました。圧倒的な実力を持ちながら銅メダル。金メダルがとれる実力があることはだれもがわかっていました。

試合後、大粒の涙が頬を伝います。インタビューにもうまく答えられない彼のもとに各国選手が励ましにやってきました。のちに、「ふだんからまったく話したことがない選手からも慰められた」と語っていました。

彼は敗者にさえ愛される人になっていたのです。

活躍しつづける選手とは、能力が高いと思われがちです。

しかし、私が見てきた崖っぷちの選手は能力が格段に高いとはいえない人たちばかりです。もちろん、才能はあります。しかし、どの選手も才能を開花させるためもがき苦しんでいました。

こういった崖っぷちの選手たちが大きく変化していくきっかけに「人との出会い」が大きく関わってきます。人との出会いを通じて、愛される人間に成長し、その結果として才能を開花させたのです。

それを運命だというのは簡単なことです。

しかし、その運命を引き寄せるためにどうすべきか？　それすら追求するのがアスリートの仕事であり、それをサポートするのが私の役割なのです。

選手自身が素晴らしい出会いを生み出すために何ができるか？
ここでご紹介したいのが松井秀喜さんの言葉です。

> 全力プレーを続けることで、この世でもっともコントロール不能な「人の心」を動かしたいと思います。「松井も頑張っているんだから」と。もしかすると、ホームランを60本打つよりも難しい目標かもしれません。だからこそ、やりがいある目標だと思っています。（松井秀喜）

松井さんはコントロールできないことを直接コントロールしようとしているのではなく、コントロールできない「人の心」にも頑張ることで間接的にアプローチしようとしているのではないか、と私は解釈しました。

「人の心」というコントロールできないものを動かすため、松井さんは自分ができること＝「全力プレー」を心がけたのです。

運も才能も人の心もコントロールできません。あなたができることは、今この瞬間に全力を尽くすことだけなのです。

そして、「全力プレー」こそが、人との出会いや運命をも引き寄せる力の正体なのです。

最後に、「夢は続く、終わらない」と題した本章を締めくくるにふさわしい言葉をご紹介します。

君の人生を考えることができるのは君だけだ。君の夢がなんであれ、それに向かっていくんだ。なぜなら、君は幸せになるために生まれてきたんだ。（マジック・ジョンソン）

ポイントガードとしてレイカーズで5度の優勝に貢献、NBA史上最高のプレイヤーの一人と評されるマジック・ジョンソンさん。

高校時代のジョンソンさんはバスケットボールでは無名の高校に強制的に入学させられたそうです。大学からプロにスカウトされた際にも、通常は身長が低い人が務めるポジションのポイントガードをまかされることになります。

長身のジョンソンさんがポイントガードをやることに、だれもが「君には無理だよ」と猛反対します。ところが彼は数々の結果を生み出し、世間の思い込みを結果で覆しました。

何かをめざすとき、何か新しく始めるとき、もしかしたらあなたはたくさんのアドバイスとともに批判を受けることがあるかもしれません。

「ホントにできるの?」「君の能力では難しいと思うよ」「○○さんもできなかったよ」「悪いことは言わないからやめたら」……。

しかし、あなたの夢を批判したり、過度に心配したりする人は、すでにあなたの抱いた夢を叶えた人たちなのでしょうか?

違うはずです。

だからこそ夢を大切にしてほしいのです。木の成長にたとえれば、最初はか細い幹かもしれません。しかし、年月をかけてしっかりと育てれば必ず太い幹になります。

あなたも最初は自信がなく、他人の言葉に翻弄されるかもしれません。しかし、相手の意見を聞きすぎて見失ってほしくないのです。そんなときこそ、マジック・ジョンソンさんの言葉を思い出してください。

あなたの人生を切り開いていく最終的な決定権はあなたにしかありません。

『死ぬ瞬間の5つの後悔』（ブロニー・ウェア著、仁木めぐみ訳、新潮社）という本の中に、「他人の期待ではなく、自分に忠実に生きる勇気を持てればよかった」という言葉が出てきます。

夢を叶えるのは一瞬ですが、夢を叶えるまでの過程は非常に長い道のりです。ぜひ自分に素直に、自分の気持ちに正直に人生を歩んでください。

「奇跡を受けとる準備はできていますか？」

私が仕事場のつねに見える場所に貼っている大切な言葉です。ポジティブシンキングもいいですが、自分自身へのポジティブアスキング（問いかけ）を大事にしてください。

今日この努力をしたら、1カ月後どんな自分になるか？
今日この努力をしたら、1年後どんな自分になるか？

今日この努力をしたら、10年後どんな自分になるか？

ぜひ、あなた自身に問いかけてみてください。そして、ワクワクするような未来の自分を描いてください。

理屈で物事を考えることは簡単です。きっと、AIの進化によって、諸条件をコンピュータに入れ込むことで「あなたの夢が叶う確率は○％です」なんて、AIが判断してくれる時代がくるかもしれません。

それでも、だれがなんと言おうと、自分の可能性を信じて前に進んでいくことに私たちは最高の喜びを感じるのではないのでしょうか？

そしてそれは頂上に到達するかどうかではなく、頂上をめざしている途中にこそ感じられるものなのではないのでしょうか？

夢を叶えることが幸せではなく、夢を叶える過程が幸せだと思えたら、あなたにはどんな人生が待っているでしょう。

素晴らしい人生の旅は始まったばかり。自分にしか歩けない道を進んでください。

おわりに
――結果を出すこと以上に大切なこと

私はこんな質問をされることがあります。

「選手の結果を出すことについて、プレッシャーを感じませんか？」

私はこう答えます。

「あまり感じません。なぜなら、私は選手の出す結果は二の次で、一番の目的は選手に幸せになってもらうことだと思っているからです」

私がこのように考えるようになったのには、あるきっかけがあります。

たくさんのオリンピックメダルが飾られているある施設を訪れたときのことです。いくつもの輝くメダルを眺めながら、付き添ってくれた関係者が淡々と教えてくれました。

「この金メダルを獲った選手は今、うつ病と闘っています」

「このメダルを獲った選手はじつはもう自殺してしまったのです」

その話を聴きながら、私は大きなショックを受けていました。

素晴らしい結果を残した選手たちが、メンタルには不調を抱えていたからです。

サッカーの元ドイツ代表ゴールキーパーであるロベルト・エンケさんの生涯を描いた『うつ病とサッカー』（ロナルド・レング著、木村浩嗣訳、ソル・メディア）という本があります。サッカーのエリート選手であり、超一流のアスリートでもあった彼は、2009年、自宅近くの踏み切りで列車に飛び込み、32歳でその生涯を閉じます。彼はアスリートとして一線で闘いつづけながら、長らくうつ病で苦しんでいました。

また、バルセロナで活躍し、今ではヴィッセル神戸でプレイしているアンドレス・イニエスタさんもうつ病であったことを告白しています。水泳で5つのメダルを獲得したイアン・ソープさんもうつ病に苦しみました。

スーパースターたちの輝かしい実績の陰には隠れた苦悩があったのです。

一般的に、競技において結果を残すことは、幸せになることにつながると思われます。

しかし、現実はそうではありません。このことはスポーツメンタルコーチとしてのあり方を問われるきっかけになりました。

うつ病を体験、克服した私だからこそ、競技生活だけではなく、それを超えたところでも選手のメンタルに寄り添いたいと願い、今のメンタルコーチングのかたちを作りあげました。

現在、「結果を出す」と銘打たれたメソッドは星の数ほど増えました。

それでも、悩みを持つ人、結果を出したあとで苦しむ人が減らないのはなぜなのでしょうか?

私たちは、結果を出すこと以上に大切なことが何であるかを考えなければなりません。

それは成長の過程に注目することであり、他人の利益を考えることであり、競技そして人生そのものを楽しむことです。

本書に込めたメッセージが、一人でも多くの方に届くことを願っています。

最後になりますが、本書で言葉を紹介させていただいたアスリートの皆さん一人ひとりに心よりの感謝を捧げます。また本書制作中に献身的にサポートしてくれた妻にも感謝を込めて。

2019年3月15日

鈴木颯人

P109 『上昇思考――幸せを感じるために大切なこと』長友佑都、角川書店
P111 『上昇思考――幸せを感じるために大切なこと』長友佑都、角川書店
P116 『私、勝ちにいきます――自分で動くから、人も動く』竹内智香、小学館
P120 「Number（945号）」文藝春秋
P121 「Number（945号）」文藝春秋
P122 「Number web」氏原英明、文藝春秋
P126 『崖っぷちの覚悟――年齢制限!? 関係なし！』井原慶子、三五館
P129 『やさしく、強く、そして正直に――弱い心との向き合い方』上村愛子、実業之日本社
P130 『I am here.――「今」を意識に刻むメンタル術』宮里藍、角川SSコミュニケーションズ
P133 『鈍足バンザイ！――僕は足が遅かったからこそ、今がある。』岡崎慎司、幻冬舎
P134 『鈍足バンザイ！――僕は足が遅かったからこそ、今がある。』岡崎慎司、幻冬舎
P136 『頂点への道』錦織圭、秋山英宏、文藝春秋
P138 『壁を超える』川口能活、KADOKAWA
P139 『逆境を笑え――野球小僧の壁に立ち向かう方法』川﨑宗則、文藝春秋
P142 『心の野球――超効率的努力のススメ』桑田真澄、幻冬舎
P147 『中田語録』文芸春秋編、文藝春秋
P153 『夢は、努力でかなえる。』葛西紀明、実業之日本社
P155 『夢を見ない男 松坂大輔』吉井妙子、新潮社
P156 『うまくいかないときの心理術』古田敦也、PHP研究所
P159 『スポーツと脳――脳を知る・創る・守る・育む 16』NPO法人・脳の世紀推進会議編、クバプロ
P161 「Number（949号）」文藝春秋
P163 ウェブサイト「スポーツナビ」（2017年2月24日）藤田大豪
P165 『ヘタな人生論よりトップアスリートの名言』児玉光雄、河出書房新社
P167 『下手くそ』中澤佑二、ダイヤモンド社
P170 『約束の力』山﨑康晃、飛鳥新社
P172 ウェブサイト「浦和フットボール通信」「河合貴子のレッズ魂ここにあり！」（2017年6月11日）
P174 『トップアスリートの決断力』吉井妙子、アスキー
P176 『心のスイッチ』篠宮龍三、竹書房
P179 『不動心』松井秀喜、新潮社

出典一覧

P18　『感情をコントロールする技術』岩隈久志、ワニブックス
P19　『誰も書かなかった武豊 決断』島田明宏、徳間書店
P19　『不変』上原浩治、小学館
P20　『心を整える。——勝利をたぐり寄せるための56の習慣』長谷部誠、幻冬舎
P24　『大神雄子 進化論』大神雄子、ぱる出版
P26　『不変』上原浩治、小学館
P28　『限界の正体——自分の見えない檻から抜け出す法』為末大、SB クリエイティブ
P31　『折れない心』野村忠宏、学習研究社
P34　『夢をかなえるサッカーノート』中村俊輔、文藝春秋
P36　『勝負をこえた生き方』杉山愛、トランスワールドジャパン
P41　『フライングガールズ——高梨沙羅と女子ジャンプの挑戦』松原孝臣、文藝春秋
P44　『勝ち続ける技術』宮崎正裕、サンマーク出版
P45　『義足のアスリート 山本篤』鈴木祐子、東洋館出版社
P48　『魂の言葉』辰吉丈一郎、ベースボール・マガジン社
P53　「Number（949 号）」文藝春秋
P55　『野球魂——素顔の王監督』安枝新倍、西日本新聞社
P57　『わいたこら。——人生を超ポジティブに生きる僕の方法』新庄剛志、学研プラス
P64　ウェブサイト「専門家がこたえるスポーツメディア MUSTER」（2017 年 6 月 7 日）
P66　「Number（957号）」文藝春秋
P69　『夢はかなう』高橋尚子、幻冬舎
P71　『直撃 本田圭佑』木崎伸也、文藝春秋
P73　NHK「プロフェッショナル　仕事の流儀」インタビュー
P81　『一日一日、強くなる——伊調馨の「壁を乗り越える」言葉』伊調馨、宮崎俊哉、講談社
P84　『限界の正体——自分の見えない檻から抜け出す法』為末大、SBクリエイティブ
P92　『夢を生きる』羽生結弦、中央公論新社
P95　『翼のある人生——SKY IS THE LIMIT』室屋義秀、ミライカナイ
P96　『負ける人は無駄な練習をする——卓球王 勝者のメンタリティー』水谷隼、卓球王国
P98　『情熱力。——アスリート「上野由岐子」からの熱いメッセージ』上野由岐子、創英社／三省堂書店
P105　『クリスティアーノ・ロナウド——生きる神話、知られざる素顔』竹澤哲、徳間書店

鈴木颯人◉すずき・はやと
1983年、イギリス生まれの東京育ち。中学までは野球部のピッチャーとして活躍し、強豪校にスポーツ推薦で入学するものの結果を出せず挫折。そうした経験をもとに、脳と心の仕組みを学びながら、勝負所で力を発揮させるメソッドを構築する。野球、サッカー、水泳、柔道、サーフィン、競輪、卓球など、競技・プロアマ・有名無名を問わず、そのコーチングによってパフォーマンスを激変させるアスリートが続出中。自らのコーチングに活かすため、日々、一流アスリートたちの言動を研究している。本書ではそんな活動で見つけた言葉をもとに逆境に効く思考法をアドバイスしている。一般社団法人日本スポーツメンタルコーチ協会代表理事。
15万人を超えるフォロワーに日々メッセージを発信中。
https://twitter.com/hayatosuzuki11

弱いメンタルに劇的に効くアスリートの言葉

二〇一九年　四月　一日　初版発行
二〇二三年　九月一〇日　六刷発行

著　者　鈴木颯人
発行者　中野長武
発行所　株式会社三五館《さんごかん》シンシャ
〒101-0052
東京都千代田区神田小川町2-8　進盛ビル5F
電話　03-6674-8710
http://www.sangokan.com/
発　売　フォレスト出版株式会社
〒162-0824
東京都新宿区揚場町2-18　白宝ビル7F
電話　03-5229-5750
https://www.forestpub.co.jp/
印刷・製本　モリモト印刷株式会社

ISBN978-4-86680-903-8

弱いメンタルに劇的に効く
アスリートの言葉

読者の方に無料
特別プレゼント

弱った心に効く
思考のヒント

（動画ファイル）

著者・鈴木颯人さんより

本書に掲載しきれなかった「弱った心に効く思考のヒント」動画をご用意しました。数多くのアスリートへのメンタルコーチングが成果を出しつづける著者ならではの「思考のコツ」が満載です。本書を読んでくださったあなたへの無料プレゼントです。本書と併せてこの特典を手に入れて、ぜひあなたの人生にお役立てください。

特別プレゼントはこちらから無料ダウンロードできます↓

http://frstp.jp/35kotoba

※特別プレゼントはWeb上で公開するものであり、小冊子・DVDなどをお送りするものではありません。
※上記無料プレゼントのご提供は予告なく終了となる場合がございます。あらかじめご了承ください。